HK 航空服务管理专业教材
HANGKONG FUWU GUANLI
ZHUANYE JIAOCAI

U0953627

Minhang Fazhan Jianshi

民航发展简史

主　编◎董淑霞　苗俊霞　李　男

首都经济贸易大学出版社
Capital University of Economics and Business Press
·北 京·

图书在版编目（CIP）数据

民航发展简史/董淑霞，苗俊霞，李男主编. —北京：首都经济贸易大学出版社，2017.9

ISBN 978 -7 -5638 -2708 -4

Ⅰ. ①民…　Ⅱ. ①董…　②苗…　③李…　Ⅲ. ①民用航空—交通运输史—世界—高等学校—教材　Ⅳ. ①F561.9

中国版本图书馆 CIP 数据核字（2017）第 217270 号

民航发展简史

主　编　董淑霞　苗俊霞　李　男

责任编辑　赵晨志

封面设计　砚祥志远·激光照排 TEL: 010-65976003

出版发行　首都经济贸易大学出版社

地　　址　北京市朝阳区红庙（邮编 100026）

电　　话　（010）65976483　65065761　65071505（传真）

网　　址　http://www.sjmcb.com

E - mail　publish@cueb.edu.cn

经　　销　全国新华书店

照　　排　北京砚祥志远激光照排技术有限公司

印　　刷　唐山玺诚印务有限公司

开　　本　787 毫米×1092 毫米　1/16

字　　数　212 千字

印　　张　11

版　　次　2017 年 9 月第 1 版　2023 年 1 月第 8 次印刷

书　　号　ISBN 978 -7 -5638 -2708 -4

定　　价　46.00 元

编审委员会

编审指导委员会

前　言

21 世纪，中国已进入世界民航大国行列，至 2020 年中国将初步建成民航强国，所以，“十三五”规划后的一段时期，是实现民航强国战略构想的决战时期和全面夯实民航强国建设基础的关键阶段。

全国各高等院校、高职教育率先迈出了改革步伐，实施了人才培养计划，全面贯彻了基于校企合作、工学结合的执教改革思想，形成了更加先进的教育理念。“以服务为宗旨，以就业为导向”，改革的主导思想是以岗位工作的各项要素为基础。航空教育注重学生的知识运用和问题解决，以及专业化发展能力的培养，为企业储备人才。

在此背景下，为满足航空业发展对民航服务专业高素质技能型人才的需求，就需要让学生了解民航发展的历史，展望行业的发展未来，坚定做民航接班人的信心。

我们本着专业性、实用性、可读性的原则编写本书。在编写过程中，参阅了相关书籍和文章，搜集了大量的图片和案例，以确保符合民航发展历史的准确性为目标。

《民航发展简史》是由曾在中国国际航空公司从事三十余年的资深主任乘务长、高级乘务员董淑霞，原中国国际航空股份有限公司培训部教员、乘务技师苗俊霞，中航联盟授课讲师曲晨曦、刘风芹、刘雯萱、李小玉、雒沙沙共同编写。

全书共分八章。董淑霞设计全书的结构，并负责第一章、第二章的编写和全书通审。苗俊霞负责整体的思路和各章内容调整，并编写了第三章。刘风芹编写了第四章。雒沙沙编写了第五章。李小玉编写了第六章。刘雯萱编写了第七章。曲晨曦编写了第八章并搜集整理了全书图片。

基于书籍的篇幅所限，没有将参考文献一一列出，谨向所有原作者致以最真诚的谢意！

由于教材编写时间紧，书中难免存在不足和疏漏之处，恳请各位专家和广大同行不吝赐教。

目 录
Contens

第一章　民用航空

教学目标

1. 了解航空与航天的区别。
2. 清楚航空器的类别。
3. 掌握民用航空的定义和分类。
4. 掌握中国运输系统的组成。
5. 清楚民航系统的组成。
6. 了解航天器的分类。

人类翱翔蓝天的梦想从远古就开始了，第一个真正飞上天空的飞行器是1783年法国人蒙哥尔菲（Montgolfier）兄弟制造的热气球，这是人类飞向天空的第一步（见图1－1）。

图1－1　热气球载人升空

第一节　航空业、航天业及民用航空的位置

人类的社会生产活动一直离不开地面，直到借助于热气球，使人类的活动进入围绕地球的大气层，开始了人类的航空活动。1909年飞艇发明家齐伯林创办DELAG公

司，它是世界上第一家商业性民用航空公司。1961 年 4 月 12 日，苏联宇航员加加林乘坐东方 1 号宇宙飞船完成了世界上第一次载人外层空间的飞行，人类自此冲破大气层进入宇宙空间开始了航天探索（见图 1－2）。

图 1－2　航天与航空的区别

一、航空

人类在大气层中的所有活动统称为航空，指飞行器在地球大气层（空气空间）中的飞行（航行）活动。

（一）飞行器

从事飞行活动的飞行器（flight vehicle），也称航空器，是由人类制造、能飞离地面、在空间飞行并由人来控制的，在大气层内或大气层外空间（太空）飞行的器械飞行物。

（二）飞行器的分类

第一类：距地面 30km 以下为航空飞行器。

第二类：距地面 20km～100km 为邻近空间飞行器。

第三类：距地面 100km 以上为航天飞行器。

此外，火箭和导弹可归为第三类特殊的飞行器。大气层的外缘距地面的高度目前尚未完全确定，一般认为距地面 90km～100km 是航空和航天范围的分界区域。

（三）航空器划分

（1）轻于空气的航空器，利用空气静浮力升空。

（2）重于空气的航空器，利用空气动力升空。

图 1-3 为航空器划分的类型。

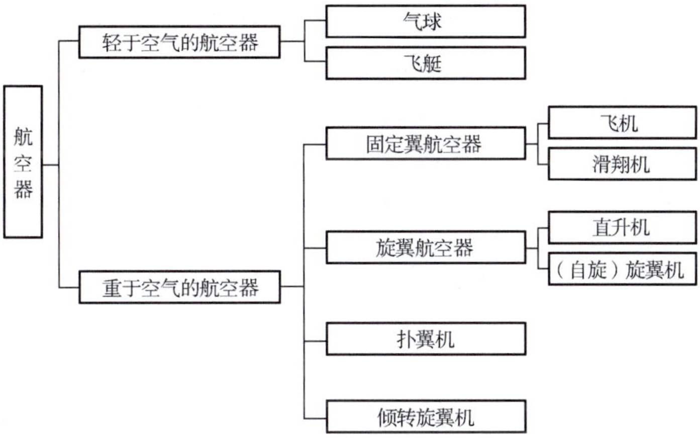

图 1-3 航空器的分类

二、航空业的组成

航空器制造业也称为航空制造业，是整个航空业的基础。航空业由军事航空与民用航空组成。

（1）军事航空是为了保卫国家以及维护国家内部安定而进行的军事性质的航空活动。

（2）民用航空指使用航空器从事民间性质的航空活动。

三、航天

人类借助人造卫星、宇宙飞船等在地球附近空间或太阳系空间的飞行活动统称为航天。一般来说，航天器都是在外太空运行。部分人造卫星最低可以在稀薄的大气层中运行，高度在 100km 左右。所以，航天器的飞行高度是在距地面 100km 以上。

（一）航天器

航天器（spacecraft）是在地球附近空间或太阳系空间飞行的飞行器，又称空间飞行器、太空飞行器。

航天器在运载火箭的推动下获得必要的速度进入太空，然后在引力作用下完成轨道运动，并按照天体力学的规律在太空运行，执行探索、开发、利用太空和天体等特定任务的各类飞行器。

（二）航天器分类

世界上第一个航天器是苏联 1957 年 10 月 4 日发射的“人造地球卫星 1 号”。

第一个载人航天器是苏联航天员加加林乘坐的东方号飞船。

第一个把人送到月球上的航天器是美国“阿波罗 11 号”飞船。

第一个兼有运载火箭、航天器和飞机特征的飞行器是美国“哥伦比亚号”航天飞机。

航天器为了完成航天任务，必须与航天运载器、航天器发射场和回收设施、航天测控和数据采集网与用户台站（网）等互相配合，协调工作，共同组成航天系统。航天器是执行航天任务的主体，是航天系统的主要组成部分。

至今，航天器基本上都在太阳系内运行。1972 年 3 月，美国发射的“先驱者 10 号”探测器，在 1986 年 10 月越过冥王星的平均轨道，成为第一个飞出太阳系的航天器。

航天器的出现使人类的活动范围从地球大气层扩大到广阔无垠的宇宙空间，引起了人类认识自然和改造自然能力的飞跃，对社会经济和社会生活产生了重大影响。

航天器在地球大气层以外运行，摆脱了大气层的阻碍，可以接收到来自宇宙天体的全部电磁辐射信息，开辟了全波段天文观测；航天器从近地空间飞行到星际空间，实现了对空间环境的直接探测以及对月球和太阳系大行星的逼近观测和直接取样观测；环绕地球运行的航天器从几百千米到数万千米的距离观测地球，迅速而大量地收集有关地球大气、海洋和陆地的各种各样的电磁辐射信息，直接服务于气象观测、军事侦察和资源考察等领域；人造地球卫星作为空间无线电中继站，实现了全球卫星通信和广播，而作为空间基准点，可以进行全球卫星导航和大地测量；利用空间高真空、强辐射和失重等特殊环境，可以在航天器上进行各种重要的科学实验研究（见图 1 – 4）。

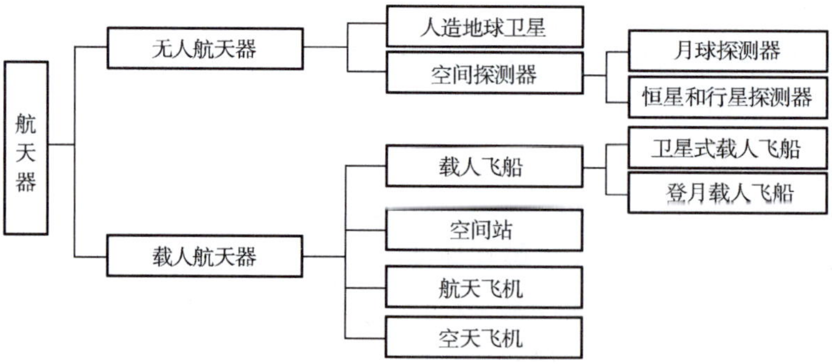

图 1 – 4　航天器的分类

四、航空与航天的区别

航空与航天仅一字之差，但却有着很大的区别。简单地说，两者都是研究飞行器在空间飞行的科学，但是这两个空间有许多的不同。航空器主要是在有重力作用的大气层内进行飞行，而航天器则是在无重力作用的太空中进行飞行。

航空器与航天器的区别：

（1）飞行环境：航空器在稠密的大气中飞行，而航天器则在真空中飞行。

（2）动力装置：航空器的动力装置为涡轮式或螺旋桨式发动机，而航天器则应用火箭发动机。

（3）飞行速度：航空器的极限在 3 ~5 倍音速，而航天器则在 20 倍音速以上。

（4）飞行高度：航空器的极限在 30 千米左右，而航天器则在 100 千米以上。

（5）起降方式：航空器依靠跑道滑行起降，而航天器依靠火箭发射，通过变轨、再入着陆。

（6）续航时间：航空器的续航时间极限在一昼夜左右，而航天器则为数周。

参见图 1 –5 和图 1 –6。

图 1 –5 航天器

图 1 –6 航空器

第二节 民用航空的定义和分类

一、定义

使用各类航空器从事除了军事性质（包括国防、警察和海关）以外的所有的航空活动称为民用航空。

利用各类航空器为国民经济服务的飞行活动，明确了民用航空是航空的一部分，同时以“使用”航空器界定了它和航空制造业的界限，用“非军事性质”表明了它和军事航空的不同。

二、民用航空的分类

民用航空分为两大类，即商业航空和通用航空。

（一）商业航空

商业航空也称航空运输，是指使用航空器进行经营性的客货运输的航空活动，就是我们常见的航空公司运营模式。

航空公司（Airlines）是以各种航空飞行器为运输工具，为乘客和货物提供民用航空服务的企业。航空公司一般需要一个官方认可的运行证书或批准文件。航空公司使用的飞行器可以是航空公司自己拥有的，也可以是租用的。航空公司可以独立提供服务，或者与其他航空公司合伙或者组成联盟。航空公司的规模可以从只有一架运输邮件或货物的飞机到拥有数百架飞机。航空公司的服务范围可以分为洲际的、洲内的、国内的，也可以分为航班服务和包机服务。

航空运输的特点是以赢利为目的运输活动。

航空运输的优势为运输速度快、距离远、效率高、舒适、不受地形影响。因此，商业航空在交通运输行业中有着非常广阔的发展前景。

航空运输是交通运输的一个组成部分。航空运输、铁路运输、公路运输、水路运输和管道运输共同组成一个国家的交通运输系统。

（二）通用航空

通用航空是指除去商业航空后民用航空其他所有部分。通用航空应用范围十分广泛，通用航空经营许可管理规定（交通运输部令 2016 年第 31 号）共分为以下四大类：

（1）甲类。包机飞行、石油服务、直升机引航、医疗救护、商用驾驶员执照培训。

（2）乙类。空中游览、直升机机外载荷飞行、人工降水、航空探矿、航空摄影、海洋监测、渔业飞行、城市消防、空中巡查、电力作业、航空器代管和跳伞飞行服务。

（3）丙类。私用驾驶员执照培训、航空护林、航空喷洒（撒）、空中拍照、空中广告、科学实验和气象探测。

（4）丁类。使用具有标准适航证的载人自由气球、飞艇开展空中游览；使用具有特殊适航证的航空器，开展航空表演飞行、个人娱乐飞行、运动驾驶员执照培训、航空喷洒（撒）和电力作业等经营项目。

附：航空作业分类

第一类，工业航空：应用于航空物探、航空摄影、航空遥感、航空测绘、航空吊装、海上采油和航空环境监测等。

第二类，农业航空：为农、林、牧、渔各行业提供服务活动，如喷洒农药、森林防火、灭火、播种、施肥和观测渔情等作业。

第三类，航空科研和探险：包括新机试飞、新技术的验证和气象天文观测及探险活动。

第四类，航空体育：包括跳伞、滑翔机、热气球、航模等运动。

第五类，其他类：公务航空和私人航空。

1. 公务航空

公务航空专指使用专用飞机为企业提供商务旅行的航空服务。专用飞机可以是企业自己或者租赁的，也可以是包机。但通常只有企业自用或者租赁的专用飞机，才能随时可用，实现企业商务目的（见图1-7）。

图1-7　公务机

公务机的优势：

（1）可以自主确定航线和飞行时间，实际可以在任何时候从任何机场飞往另一机场。

（2）飞行计划确定后可以更改或者取消，实际起飞时间完全由自己掌握，基本不受管制。

（3）飞机随时可以起飞，不必候机。大多数机场，可以开车直达停机坪，直接登机，不必经过安全检查，一般几分钟内就可以离开机场。

（4）在飞机上，通常可以打电话、传真甚至可以上网、开会等。

2. 私人航空

私人用其拥有的航空器进行的航空活动。

在一些航空强国，私人拥有航空器作为交通或娱乐工具，已经成为高中层人士的时尚，并向普及化和多形式化服务发展。

以美国为例，美国共有63.5万持有执照的飞行员，其中通用飞行员就有37.3万名（占总数的59%）。美国现有1.91万个公共或私人机场，而固定航班的商业航空仅在其中的651个机场运作。1998年的纪录显示，2.05万架通用航空器共执行了2 810万小时的飞行。由于通用航空机场的建设成本小于高速公路，所以大量分布在美国各地的通用机场带动了小社区的发展，并缩短了城市和乡村的距离。

目前，中国没有私人航空公司，因为还不允许个人参与开航，只有民营航空公司。

随着经济发展水平的提高，私人飞机、公务专机、空中旅游等已成为通用航空发展最为迅速的领域。目前在世界通用航空三大类飞行中，航空作业飞行约占飞行总量的20%，教学训练约占22%，公务飞行占50%以上。

近年来，中国通用航空业发展迅速，截至2015年年底，通用机场超过300个，通用航空企业281家，在册通用航空器1 874架，2015年飞行量达73.2万小时。但总体上看，中国通用航空业规模仍然较小，基础设施建设相对滞后，低空空域管理改革进展缓慢，航空器自主研发制造能力不足，通用航空运营服务薄弱，与经济社会发展和新兴航空消费需求仍有较大差距。

2016年5月17日，国务院办公厅印发《关于促进通用航空业发展的指导意见》（以下简称《意见》)，对进一步促进通用航空业发展做出部署。《意见》提出，到2020年，建成500个以上通用机场，基本实现地级以上城市拥有通用机场或兼顾通用航空服务的运输机场，覆盖农产品主产区、主要林区、50%以上的5A级旅游景区。通用航空器达到5 000架以上，年飞行量200万小时以上，培育一批具有市场竞争力的通用航空企业。通用航空器研发制造水平和自主化率有较大提升，国产通用航空器在通用航空机队中的比例明显提高。通用航空业经济规模超过1万亿元，初步形成安全、有序、协调的发展格局。

链接1

航空小镇

在美国佛罗里达州一片风景优美、安静隐秘的别墅住宅区内，坐落着风格各异的房屋，而每一栋房屋门前都停放着1架或1架以上的飞机。房屋门前的大道整齐宽阔，直通毗邻小区的一条修葺完整的飞机跑道，不时地会有飞机起飞或降落。而这些飞机几乎都是这片别墅小区业主们的私人座驾，业主们每天从自家门前驶出飞机，在这条跑道起飞后飞往其目的地，返程后亦在这里降落，返回自己的家。这里就是美国最著名的航空小镇Spruce Creek的日常生活场景（见图1－8）。

图1－8　佛罗里达州的航空小镇

住宅型航空小镇就是“拥有飞机跑道的住宅小区”。这里首先是一个生活家园。就像普通的住宅区一样，这里的房屋大都是业主们平日居住生活的家，而非做商业用途。但不同于传统的住宅区，航空小镇除了要提供日常生活所需的设施外，还必须建有飞行所需的必不可少的设施设备，如机场、跑道、滑行道、停机库和停机坪，甚至飞行俱乐部、餐厅等。飞行成为人们生活不可或缺的一部分，这正是住宅型航空小镇的核心价值。因此航空小镇也被称为“飞行社区”（Fly－incommunity）。

Spruce Creek 是美国规模最大的、最典型的航空小镇（airpark）。虽然一般的航空小镇多为住宅型，但为了区分工业型的航空小镇，又将 Spruce Creek 称为住宅型航空小镇（Residential Airpark）。而在全美国，像 Spruce Creek 这样的住宅型航空小镇约有几百个。

链接 2

一架由波音 787 改造的私人飞机

当这架梦幻客机 B－787 停在停机坪上时，你会觉得它不过是一架普通的商用飞机。但是走进飞机就会立刻发现，这架飞机是世界上最大的私人飞机。这也标志着金鹿航空正式推出了定制化旅游套餐服务。想要体验定制化服务的游客必须包下整架飞机，而不能像传统客机那样只预定一个位子。标准波音 787 客机最多可以搭载 335 名乘客，但这款飞机的机内空间更大，准确来说有 223 平方米，但每趟航班最多却仅可容纳 30 名乘客。机内安放了 18 张头等舱大床，设置了一个用于开会、休闲或聚会的大客厅。洗浴间的豪华程度超乎想象，四壁铺满了高级大理石和实橡木。目前，飞机安排的经典直航线路包括从伦敦到北京和从香港到洛杉矶。不过，金鹿也正在打造全新的旅游套餐，其中就包括 7 晚特惠套餐，安排入住在圣瑞吉斯博拉博拉岛度假村（St Regis Bora Bora Resort）的总统套间。为了创造无缝旅游体验并实现“让旅行成为艺术”的美好愿景，金鹿航空计划在未来增加更多的航线。“我们很高兴能为伦敦提供独一无二的航班体验。金鹿秉持着高效、优雅、与众不同的价值观，而这正是金鹿优质服务的绝佳体现。”金鹿副总裁弗朗克·方（Frank Fang）说，“在 787 梦幻客机的帮助下，我们很自豪能为慧眼独具的企业客户和全球休闲游客提供服务。”（见图 1－9～图 1－13）

图 1－9 波音 B－787 梦幻客机

图 1－10　波音 787 私人飞机客舱

图 1－11　波音 787 私人飞机客舱

图 1－12　波音 787 私人飞机客舱

图 1－13　波音 787 私人飞机洗手间

链接 3

庞巴迪里尔 45XR 是在里尔 45 成功的基础上构建而成。升级后的里尔 45XR 改善了运载能力，提高了灵活性，并显著提升了其快速爬升能力，特别是在 ISA 附加条件下，可以在所有高度上以更高速度巡航，同时大幅缩短了较高温度下的平衡跑道长度。

庞巴迪里尔喷气机有“小型喷气机之王”之称，里尔 45XR 拥有超轻型商务飞机中最舒适的机舱，并且能够在加满燃油并满载 8 名乘客的条件下飞行近 2 000 海里（3 704千米）。见图 1－14～图 1－16。

（资料来源：https：//www. sirenji. com/plane/201309/40023. html）

图 1－14　庞巴迪里尔 45XR 内舱

图 1－15　庞巴迪里尔 45XR 内舱

图 1－16　庞巴迪里尔 45XR 外观

第三节　民用航空的组成

民用航空由三大部分组成：政府部门、民航企业、民航机场

一、政府部门

中国民用航空局，简称民航局（Civil Aviation Administration of China，CAAC），是中华人民共和国国务院主管民用航空事业的国家部门。其前身为中国民用航空总局，于2008 年3 月改为中国民用航空局。由于民用航空部门涉及国家主权和交往的事务多，要求迅速地协调和统一调度，因而几乎各个国家都设立独立的政府机构来管理民航事务，中国由中国民用航空局负责管理。政府部门管理的内容主要有：

（1）制定民用航空各项法规、条例，并监督这些法规、条例的执行。

（2）对航空企业进行规划、审批和管理。

（3）对航路进行规划和管理，并对日常的空中交通实行管理，保障空中飞行安全、有效、迅速。

（4）对民用航空器及相关技术装备的制造、使用制定技术标准，并进行审核、发证，监督安全；调查处理民用飞机的飞行事故。

（5）代表国家管理国际民航的交往、谈判，参加国际组织的活动，维护国家的利益。

（6）对民航机场进行统一的规划和业务管理。

（7）对民航的各类专业人员制定工作标准，颁发执照，并进行考核，培训民航工作人员。

二、民航企业

民航企业指从事与民航业有关的各类企业，其中最主要的是航空运输企业，即我们常说的航空公司，如中国国际航空公司、南方航空公司、东方航空公司等。它们掌握航空器从事生产运输，是民航业生产收入的主要来源。其他类型的航空企业如油料公司、航材公司、销售公司及航空服务公司等，都是围绕着运输企业开展活动的。

航空公司的业务主要分为两个部分：①航空器的使用（飞行）、维修和管理。②公司的经营和销售。

三、民航机场

机场是民用航空与社会的结合点，机场也是一个地区的公众服务设施。因此，机场既带有赢利的企业性质同时也带有为地区公众服务的事业性质，因而世界上大多数机场是地方政府管辖下的半企业性质的机构，主要为航空运输服务的机场称为航空港（简称空港），使用空港的一般是较大的运输飞机，空港要有为旅客服务的地区（候机楼）和相应设施（见图1－17）。

图1－17　浦东国际机场

机场是空中运输和地面交通的结合点，也是各种飞机在地面时的停放地点，除此以外它还有国家和地区门户的作用。它需要配备很多项目的服务设施为飞机、旅客和货物的安全服务。因此机场的品质直接影响到该地区的形象及经济活动。

民用航空是一个庞大复杂的系统，其中有事业性的政府机构，有企业性质的航空公司，还有半企业性质的空港，各个部分协调运作才能保证民用航空事业的顺利运行。

练习题

1. 航空与航天的区别。
2. 简述航空业的范围和分类。
3. 什么是民用航空？分为哪两类？
4. 举例说明航空器的分类。
5. 航天器包括哪几项？
6. 交通运输系统由什么组成？
7. 民用航空的定义和分类？
8. 飞机的归属是机场还是航空公司？
9. 公务机有什么特权？
10. 航空运输有哪些优势？

第二章　世界民航发展史

教学目标

1. 了解航空代表人物。
2. 掌握航空业的几个第一。
3. 了解直升机进入民航服务队。
4. 了解国际航空组织。
5. 了解喷气机的应用对民航飞机发展的影响。
6. 熟悉喷气航空的新时代。
7. 掌握喷气飞机的特性。
8. 展望世界民用航空发展的新趋势。

第一节　航空的起源

升空飞行是人类最古老、最美好的愿望之一。由于科学技术长期落后，飞行的探索直到近代都一直处于盲目的冒险和无尽的幻想阶段。在人们认识到简单模仿鸟类的扑翼飞行方式并不能使人升空之时，飞行的最初尝试是单纯模仿鸟飞的飞人试验。在近乎偶然的情况下，人们开始转向轻于空气的航空器的研究。中国西汉王莽时代，有人用羽毛（鸟羽）做成两只大翅膀装在身上，并在头和身上粘满羽毛，模仿鸟飞行，飞行了数百步才落地。这是人类最早的飞行尝试（见图 2－1）。

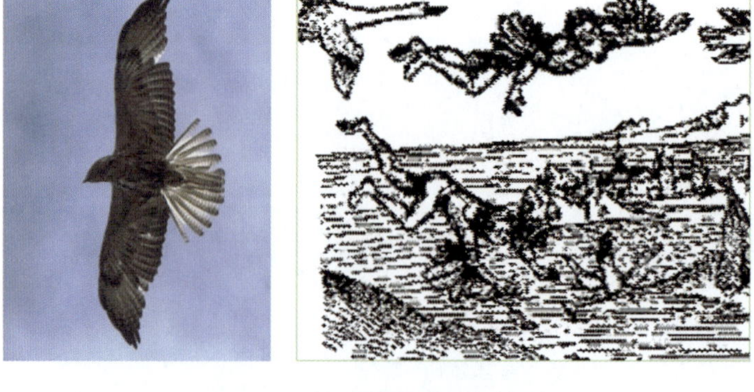

图 2－1　模仿鸟类的飞行尝试

一、航空先人的出现

20 世纪前十几年是航空技术初步达到使用化、飞机逐步走向成熟的时期。航空最重要的理论基础——空气动力学也在 20 世纪初建立起来。升力理论、阻力理论和飞行力学理论成为指导飞行器设计、提高飞机性能的关键因素。正因为如此，美国、苏联、英国、法国相继组建了国家级的空气动力学和相关技术的专门研究机构。从此，飞机的研制和试验从个人盲目实践行为变成有科学技术指导和严密组织的工业门类。航空的发展走上了真正科学的道路。

（一）历史上第一个提出类似 20 世纪飞机概念的人——罗吉尔·培根

欧洲文艺复兴前，曾出现一位认真思考飞行器的人，即英国学者罗吉尔·培根（R. Bacon，约 1220—1292）（见图 2－2）。在大约 1250 年成书、1542 年才出版的著作《工艺和自然的奥秘》中，培根提出了动力飞行的概念。虽然他的设想还相当简单粗糙，但人们把他看作是历史上第一个提出类似 20 世纪飞机概念的人。培根终生不得志，生前曾将手稿送给一些宗教领袖，但没有得到重视，加之其著作大都在他死后几百年才出版，因此培根的飞行器思想没有对后世产生什么影响。

图 2－2　培根

（二）世界航空史上最伟大的人物之一——达·芬奇

达·芬奇（Leonardo da Vinci 1452—1519）是世界文化史上最伟大的人物之一。美国著名科学史学家乔治·萨顿（G. Saton）曾指出：“写一部有关他的天才作品的完整研究著作，也就意味着写一部 15 世纪科学技术的真正百科全书。”

达·芬奇的航空学研究可以分成三大部分：①关于飞行的理论和原理。②飞行的稳定性和控制。③飞行器设计。

可惜由于历史原因（不被当时理解，多数论文、手稿没有发表），达·芬奇对航空发展没有产生重大影响。他设计的扑翼机从科学意义上讲作用不大，但从机械学角度上看，这些设计是天才的，在他的手稿中还有降落伞的草图；达·芬奇还被许多人看作是直升机的发明者，并认为这是他对航空学的真正贡献（参见图 2－3）。

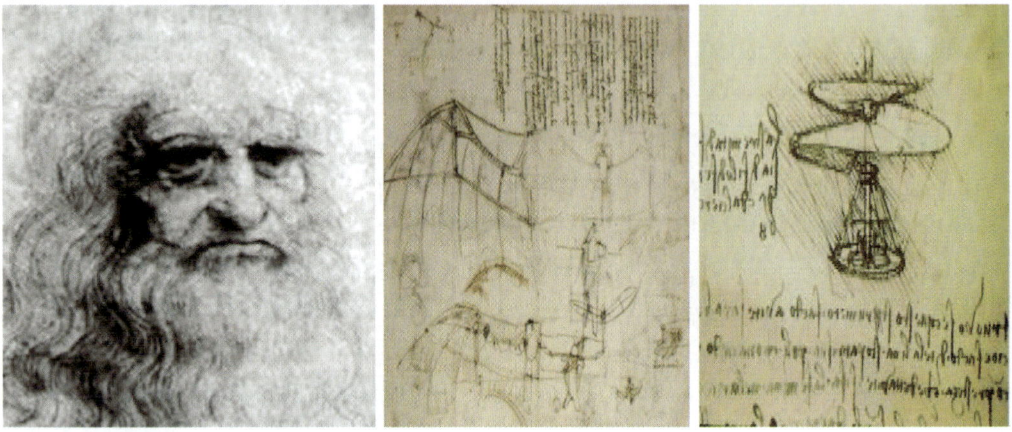

图2－3　达·芬奇及他设计的扑翼机、降落伞草图

（三）英国航空之父——乔治·凯利

乔治·凯利（G. Cayley，1773—1857）为重于空气的航空器创立了必要的飞行原理，其论文《论空中航行》（1809）被认为是现代航空学诞生的标志。该论文阐述了飞机基本原理，分析了稳定性、安全性和操纵性的重要性，提出许多重要概念。他的研究成果远超出了时代，在他之后近百年间，没有人超过他的水平或认识到他的发现的重大意义（见图2－4）。

图2－4　凯利

他是为数不多的作为职业科学家研究航空问题的人之一；他是少数在理论和实践结合的基础上研制飞行器的人之一；他是在莱特兄弟之前最接近发明成功动力飞机的人。但是，由于1903年两次没有结果的飞行试验为他的巨大贡献蒙上了一层阴影，他在航空史上的应有地位因此而被忽视了。

（四）滑翔机之父——奥托·李林塔尔

奥托·李林塔尔（Otto Lilienthal，1848—1896）1848年5月23日出生于德国的安克拉姆，他酷爱飞行，少年时曾搞过“飞人”实验。成年之后，他利用业余时间仔细观察飞鸟。为此，他专门创造了一个公式，用来计算鸟类飞行、滞空以及滑翔时所付出体力的大小。在7年的时间里，他制造出18种不同型号的滑翔机，他操纵这些滑翔机从屋顶或山坡上一次又一次地跳下来。虽然总是一败涂地，但他却毫不气馁，从中积累了宝贵的经验。1877年，他制造出一架有着像鸟一样略微拱起的机翼的滑翔机，这种机翼比扁平的机翼性能更好（见图2－5）。

图2-5 李林塔尔和他的滑翔机

李林塔尔善于制造仪器进行航空实验，用来验证观察的结果。他研制的测试片状物体的升力和阻力的仪器、试验扑翼机升力的仪器，都是19世纪末有代表性的航空研究仪器。李林塔尔注意积累数据，总结经验，纠正了前人“多层叠置窄条翼”的片面做法，提出了“曲面机翼比平面机翼升力大”的观点，为飞机的发明做出了决定性的贡献。

李林塔尔的主要贡献还是成功的滑行飞行。1891年，他制成一架蝙蝠状的弓形翼滑翔机，成功地进行了滑翔飞行，从而肯定了曲面翼的合理性。1893—1896年，李林塔尔进行了几千次滑翔飞行试验，屡次改进总体布局，滑翔中又拍了许多照片，积累了大量数据，给美、英、法等国的飞机制造者们提供了宝贵的资料。1894年，李林塔尔从柏林附近的悬崖上起飞，成功地滑翔了350米，这在当时是一个惊人的成绩。他将自己的成绩记录下来，使之成为航空史上最早的飞机性能记录之一。

二、航空器的研发及民用航空的开始

（一）利用气球飞行

1783年6月4日，法国蒙哥尔菲兄弟表演了他们制作的热气球，气球用纸和亚麻布糊成，直径约为10米，在地面燃烧湿草和羊毛，冒出的热烟灌入气球，使其上升，热气消散后又回落到地面。蒙哥尔菲兄弟的最大功绩是研制成功世界上第一个热空气气球。同年的9月19日，蒙哥尔菲兄弟在凡尔赛为观众表演了第二个热气球升空，乘坐在里面的是一只羊、一只鹅和一只鸡（见图2-6）。

1783年11月21日，法国人罗齐埃和达尔朗德乘坐蒙哥尔菲气球飞行25分钟，实现人类第一次空中飞行。此后法国学士院院士夏尔和罗伯特于同年12月1日首次乘充氢气球从巴黎杜伊勒利宫起飞，平安飞行43千米。这是民用航空的开始。

图 2－6　蒙哥尔菲兄弟及载人热气球

（二）齐伯林的飞艇

1851 年，法国的吉法尔决定在长 40 米的气球上安装上 50 马力的蒸汽机，蒸汽机带动螺旋桨推进，这是最早的飞艇。时速可以达到每小时 10 公里。

1900 年 7 月，德国的齐伯林以铝为构件的硬式飞艇试验成功。时速达每小时 30 公里。齐伯林的飞艇几经改进，到 1911 年的齐伯林七号，装有 420 马力的发动机，时速大约每小时 58 公里，并且被用于第一次世界大战，对法国作战（见图 2－7）。

图 2－7　齐伯林和他的飞艇

（三）兰利的飞机研究与实验

兰利（Samuel Pierpont Langley，1834—1906）是美国的职业科学家，初期从事土木工程工作，后来靠自学成为著名的天文学家。兰利发展了测辐射热仪，对太阳光谱测量做出了重要贡献，1867 年出任美国匹兹堡大学的物理与天文学教授。他从幼年便对鸟的飞翔产生了极大的兴趣，经常连续数小时观看鸟的飞行，1887 年兰利移居华盛顿，出任当时美国学术权威机构斯密森学会的秘书。他建造了一座 18 米的悬臂机，该机靠煤气发动机驱动，外周速度可达每小时 70 海里。利用这座悬臂机，他进行了大量的空气动力实验，研究平板与鸟翼在空气中运动时阻力与升力的规律，由此得到了许多定量的结果，并且纠正了前人的不少错误。兰利将他的研究结果写成《空气动力学实验》一书，于 1891 年由华盛顿的斯密森学会出版。这本书是最早的比较系统的实验空气动力学著作，对后来的飞机研究者，包括莱特兄弟影响很大。除了实验室研究外，兰利还进行了飞行试验（见图 2 -8）。

图 2 -8　兰利和他的飞机

（四）世界航空之父——莱特兄弟

莱特兄弟（Wright Brothers），（哥哥 Wilbur Wright，1867—1912，弟弟 Orville Wright，1871—1948），1903 年设计、制造了用内燃机作动力的有人驾驶飞机，并试飞成功。

奥托·李林塔尔试飞滑翔机成功的消息使莱特兄弟立志飞行，自制了 200 多个不同的机翼进行了上千次风洞实验，修正了李林塔尔一些错误的飞行数据，设计出了较大升力的机翼截面形状。

1903 年 12 月 17 日，莱特兄弟驾驶自己制造的人类第一架依靠自身动力进行载人飞行的飞机——“飞行者 1 号”成功飞向天空，虽然这次飞行时间不过 59 秒，距离只有 260 米，却把人类过去的梦想从神话变成了现实，人类动力航空史就此拉开了帷幕。莱特兄弟的天才创造，奠定了今天宇宙航行的基础（见图 2 -9、图 2 -10）。

这架航空史上著名的飞机，现在陈列在美国华盛顿航空航天博物馆内。

图2－9　莱特兄弟和“飞行者1号”

图2－10　“飞行者”1号

（五）中国航空之父——冯如

冯如（1883—1912），广东恩平人，12岁赴美当童工，后在一家工厂当工人。经过数年的自学研究，积累了不少机械制造方面的知识。1906年，冯如在旧金山与当地华侨和亲友集资创办飞机制造公司。1907年，广东机器制造厂在美国奥克兰市成立，从事飞机研制。经历了6次失败后，在1911年年初，于奥克兰市成功地进行了多次航空表演，而且创造了时速105公里的新纪录。

图 2－11　冯如和冯如一号

（六）航空业的第一

（1）1909 年，法国，布莱里奥（louis Bleriot）成功地飞过了英吉利海峡（40km），实现了首次国际航行。

（2）德国飞艇股份公司是世界上第一家航空公司，成立于 1909 年 11 月 16 日，它是一家政府参与的公司，使用齐柏林飞艇，总部位于法兰克福。

（3）1919 年，巴黎和会上法国草拟航空公约，38 个国家签署，《巴黎公约》是第一部国家间的航空法。

（4）1919 年，法国开辟第一条空中定期航线（巴黎—布鲁塞尔）。

（5）最早的空姐出现在 1930 年，一位名叫埃伦·切奇的 25 岁护士被美国联合航空聘用在飞机上照顾乘客，而最早的空姐制服也是从护士服演变而来的。

（6）1932 年，第一位女飞行员埃尔哈特（Amelia Earhart）横穿太平洋。

（7）1933 年，美国人林白（C. A. Lindberg）用 DC－3 飞机成功横越大西洋，把航空由洲内飞行扩展到洲际飞行。

（8）1947 年，美国的 Bell－X－1 首次突破音障。

（9）1950 年，世界上第一架涡轮螺旋桨喷气客机——英国的子爵号投入使用。

（10）1952 年，英国彗星号四发涡轮喷气式飞机投入航线使用，因“疲劳断裂”三次空中解体。

（11）1956 年，苏联“图 104”投入航线。

（12）1958 年，美国波音 707，DC－8 进入航线，喷气航空的新时代开始。

第二节　民用航空的大发展时期

一、民航第一次大发展

第二次世界大战期间，航空技术取得了飞越发展。1945 年第二次世界大战结束，民用航空经历了恢复和大发展时期。

（一）航空法的基础形成

1944 年，由 54 个国家参加的芝加哥会议，签署了《国际民用航空公约》；1947 年成立了国际民航组织。民用航空从此变成了有统一规章制度的世界范围的行业。在此基础上国际航空业务迅速发展起来。

（二）直升机开辟了民航的新领域

1939 年 9 月 14 日，世界上第一架实用型直升机诞生，它就是美国工程师西科斯基研制的 VS－300 直升机（见图 2－12）。西科斯基原籍俄国，1930 年移居美国，他制造的 VS－300 直升机，有 1 副主旋翼和 3 副尾桨，后来经过多次试飞，将 3 副尾桨变成 1 副，这架实用型直升机从而成为现代直升机的鼻祖。

图 2－12　VS－300 直升机

（三）喷气机的研制

1. 最早的喷气发动机

1910 年 12 月 10 日，在法国巴黎展览会上，有一架飞机在表演时坠毁。驾驶员被抛出燃烧的机舱。该机设计者就是飞机驾驶员本人，他是罗马尼亚人，名叫亨利·科安达，毕业于法国高等技术学校。他设计的发动机是用一台 50 马力的发动机使风扇向后推动空气，同时增设一个加力燃烧室，使燃气在尾喷管中充分膨胀，以此来增大反推力。

2. 活塞驱动的螺旋桨飞机

20 世纪 30 年代后期，活塞驱动的螺旋桨飞机的最大平飞时速已达到 700 公里，俯冲时已接近音速。音障的问题日益突出。苏、英、美、德、意等国大力开展了喷气发动机的研究工作。德国设计师奥安在新型发动机研制上最早取得成功。1934 年，奥安获得离心型涡轮喷气发动机专利。1939 年 8 月 27 日，奥安使用他的发动机制成 He－178 喷气式飞机。喷气发动机研制出之后，科学家们进一步让飞机进行突破音障的飞行，10 多年之后，这项工作终于被美国人发明的 X－1 火箭飞机完成了。但由于 X－1 飞机不是靠自身的动力起飞升空，这个纪录没有被承认。

3. 喷气推进飞机的出现

1944 年，由惠特尔设计的另一台发动机作为格洛斯特尔（Gloster）E28/390 飞机的动力实现了英国历史上第一次喷气飞行；1944 年，第一架生产型喷气推进飞机格洛斯特尔“流星”（Meteor）投入飞行。世界上第一架涡桨飞机是“流星”的试验型，于 1945 年投入飞行。第二次世界大战后不久，以活塞式发动机作动力的商业飞机得到大规模生产。从 1948 年开始，制造商们集中发展以燃气涡轮作动力的民用飞机。英国的航空发动机在全世界享有盛誉。英国维克斯公司生产的“子爵”（Viscount）是世界上第一架以涡轮发动机作动力的民航客机，并于 1951 年投入使用。1952 年，德·哈维兰公司的“彗星”（Comet）成为第一架具有全动力飞行控制能力并投入载客服务的商业喷气飞机。投入航线使用后，因“疲劳断裂”三次空中解体（见图 2－13、图 2－14）。

图 2－13　“彗星”号

图 2－14　子爵号

二、民航第二次大发展时期——喷气机的应用和喷气时代的到来

1958 年，美国波音 707，DC－8 进入航线，喷气航空的新时代开始。波音 707 的速度为每小时 900～1 000 公里，最大航程 12 000 公里，载客 158 人（见图 2－15）。

图 2－15　波音 707 客机

DC－8 由美国道格拉斯公司 1955 年 6 月开始设计，1958 年开始生产。早期生产 5 种不同型别，各型几何尺寸、气动特点和主要系统基本相同，主要区别是选用不同的发动机。

1966 年 3 月 14 日首飞，次年 2 月 25 日开始服役。该机型共计交付 263 架。1958 年开始生产。DC－8 于 1972 年停产，被更大的 DC－10 所取代。现时仅有的 DC－8，多数都被改为货机（见图 2－16）。

图 2－16　DC－8

（一）喷气飞机特性

高速、远程，使大众化、廉价航空运输成为可能。

（二）喷气机引起民航系统的大变化

（1）发达国家开始大量组建航空公司，成立航空公司联盟。

（2）发展中国家民航业大发展，民航成为国家尊严和地位的象征。

（3）很多机场不能满足飞机的起飞和停放，开始大量改建和新建。

（4）航路管制、航路建设、航路情报不断改进，以跟上喷气时代的速度和容量。

（5）民航飞机发展迅速。

三、民航新的发展时期——客机大型化：宽体客机出现

1970 年后，客机向大型化、高速化方向发展，如波音 747 和协和号。

（一）波音 747

波音 747 是由美国波音公司于 20 世纪 60 年代末在美国空军的主导下，推出的大型商用宽体客/货运输机（Wide－body commercial airliner and cargo transport aircraft）亦为世界上第一款宽体民用飞机，自 1970 年投入服务后，到空客 A380 投入服务之前，波音 747 保持全世界载客量最大飞机的纪录长达 37 年（见图 2－18）。

图 2－17　波音 747 及 747 背着幻影射线无人机飞行

截至 2013 年 3 月，波音 747 共生产了 1 464 架，另外还有 64 架订单尚未交付。

波音 747 最新型号是 747－8，已在 2011 年正式投入服务。

（二）超音速客机

超音速客机（Supersonic Transport，SST）是指其速度比音速快的民航客机。历史上至今仅有两种超音速客机曾经批量生产并投入商业营运，分别为英国、法国联合研制的协和式飞机（Concorde），以及苏联的图 144，均在 20 世纪 60 年代末出现。但超音速客机自问世以来一直备受成本效益、环境破坏等因素困扰，并没有大规模推广使用。图 144 在 1978 年 6 月进行最后一次载客飞行后离开商业营运的舞台，而协和飞机在 2003 年 11 月 26 日进行了最后一次的商业飞行后正式退役（见图 2－18）。

但是，由于超音速客机比普通民航机具有更高的速度和效率，因此一直吸引着不少飞机制造商的注意和兴趣，而实际上对新一代超音速客机的摸索和研究并没有停止

图2－18 超音速客机协和首次飞行

过。但以目前的航空技术，研发新一代经济、可靠的超音速客机尚会遇到不少挑战。

（三）空中客车 A380

空中客车 A380 是欧洲空中客车公司研制生产的四引擎、标准载客 555 人（最多 873 人）的超大型远程宽体客机，是目前载客量最大的客机，有空中巨无霸之称（见图2－19）。

图2－19 空中客车 A380

2005 年 4 月 27 日，空中客车 A380 首航，2007 年 10 月 25 日第一次商业飞行。2009 年 7 月 9 日，新加坡航空开通首班新加坡至香港 A380 航班。2011 年 10 月 17 日，A380 飞机正式执行中国大陆第一个载客飞行任务，首飞北京到广州航线。2012 年 3 月 1 日，南航第三架空中客车 A380 平稳降落在北京首都国际机场，并于 3 月 2 日正式投入运营北京—香港航线。

（四）波音787——“梦幻”客机

波音787是航空史上首架超远程中型客机，是美国著名飞机制造商波音公司于2009年12月15日推出的全新机型。它变体机型中典型的三舱座位设计能容纳242至335名乘客。波音787的最大特点是大量采用先进复合材料建造飞机骨架、超低燃料消耗、较低的污染排放、高效益及舒适的客舱环境。主要竞争对手为空客A350及A330NEO。首架波音787于2011年9月26日交付全日空航空公司使用（见图2－20）。

图2－20 波音787

为面对空客A350的挑战，以及满足航空公司的要求获取利润，波音公司于2013年巴黎航空展宣布研发“787－10”型号。该型号是“787－8”的加长版本，载客量可达300至330人，航程为12 984公里。2013年开始研发，预计于2018年投入使用。

第三节 国际民航组织

一、国际民用航空组织

国际民用航空组织（International Civil Aviation Organization，ICAO）是政府间的国际组织，是联合国的一个专门机构。前身为根据1919年《巴黎公约》成立的空中航行国际委员会。1944年为促进全世界民用航空安全、有序的发展而成立。民航组织总部设在加拿大蒙特利尔，负责制定国际空运标准和条例，是191个缔约国（截至2012年）在民航领域中开展合作的媒介（见图2－21）。

图2－21 国际民航组织

国际民用航空组织的宗旨和目的在于发展国际航行的原则和技术，促进国际航空运输的规划和发展，以便实现下列各项目标：

（1）确保全世界国际民用航空安全和有秩序地发展。

（2）鼓励为和平用途的航空器的设计和操作技术。

（3）鼓励发展国际民用航空应用的航路、机场和航行设施。

（4）满足世界人民对安全、正常、有效和经济的航空运输的需要。

（5）防止因不合理的竞争而造成经济上的浪费。

（6）保证缔约各国的权利充分受到尊重，每一缔约国均有经营国际空运企业的公平的机会。

（7）避免缔约各国之间的差别待遇。

（8）促进国际航行的飞行安全。

（9）普遍促进国际民用航空在各方面的发展。

以上九条共涉及国际航行和国际航空运输两个方面问题。前者为技术问题，主要是安全；后者为经济和法律问题，主要是公平合理，尊重主权。两者的共同目的是保证国际民航安全、正常、有效和有序地发展。

中国作为国际民航组织的创始国之一，积极参与国际民航组织各类活动和项目。2010 年以来，中国向国际民航组织的航空保安行动计划、北亚地区运行安全及持续适航合作、非洲航空安全全面实施计划项目提供了约 82 万美元捐款，并与国际民航组织合作为发展中国家培训了 200 多名航空专业人员。

二、国际航空运输协会

国际航空运输协会（International Air Transport Association，IATA）是各国航空运输企业之间的联合组织，会员必须是国际民用航空组织成员国的空运企业（见图 2－22）。

国际航空运输协会的前身是 1919 年在海牙成立并在第二次世界大战时解体的国际航空业务协会。

总部设在加拿大的蒙特利尔，执行机构设在日内瓦。

图 2－22　国际航空运输协会

国际航空运输协会与监管航空安全和航行规则的国际民航组织相比，更像是一个由承运人（航空公司）组成的国际协调组织，管理在民航运输中出现的诸如票价、危险品运输等问题，主要作用是通过航空运输企业来协调和沟通政府间的政策，并解决实际运作的问题。

协会的基本职能包括：国际航空运输规则的统一、业务代理、空运企业间的财务结算、技术上合作、参与机场活动、协调国际航空客货运价、航空法律工作、帮助发展中国家航空公司培训高级和专门人员。

三、国际货物发运人协会

国际货物发运人协会（The International Federation of Freight Forwarders Association, FIATA）成立于1926年。它的会员不仅限于货运代理企业，还包括海关、船舶代理、空运代理、仓库业和汽车运输业等，因为这些部门都是国际运输的一部分。现在国际货物发运人协会已有50多个正式会员和1 000个以上的联系会员，它的业务活动遍及世界上125个国家的从事运输工作的3 500个公司。它本身不是一个营利性质的组织，它的任务是协助各国的货运代理组织和同行业联合起来，在各种国际会议中代表货物发运人的利益。

国际货物发运人协会下设十个技术委员会，其中之一为航空学会。它的主要任务是促进和维护货运代理在航空货运方面的利益以及协调在世界范围内各国货运代理协会的活动。

四、《巴黎公约》

1919年巴黎和会缔结《巴黎公约》（《巴黎空中航行管理公约》），38个国家签署了巴黎公约，作为第一个国际航空法典，它对于国际航空法的建立和发展具有重要作用。

该公约对国家的领空主权、外国航空器的“无害通过权”、国家设立“空中禁区”和保留“国内两地间空运权”和航空器的国籍等问题予以规定。第一次以公约的形式肯定了国家对于其领土上空具有完全和排他的主权，有权禁止其他国家航空器在本国领空飞行。外国军用航空器未经特许，不得飞越或降停该国领土。

巴黎公约较为系统地规定了一系列国际民用航空活动的基本原则和技术要求，成为第一个有关国际民用航空活动基本规范的国际公约。其在航空法发展史上的重要意义有：首先，它是第一个多边国际公约；其次，公约中确立了领空主权原则，为国际空中航线的法律制度奠定了坚实的基础；最后，根据公约规定建立了国际空中航行的常设管理机构——国际空中航行委员会。

五、《芝加哥公约》

国际民用航空组织于1944年通过《国际民用航空公约》，因其在美国城市芝加哥签订，故又称其为《芝加哥公约》。

中国于1974年2月15日承认该公约，同时决定参加国际民用航空组织的活动。《芝加哥公约》是迄今为止最重要的有关国家航空的国际公约，它承认缔约国对本国领空享有主权。国际民用航空组织的缔约国还签订了两项适用于国际定期航班的特别协议，即《国际航空过境协议》和《国际航空运输协议》。这两项协议规定每一个缔约国应当给予其他缔约国五项权力：

（1）不停降而飞越一国领土的权力。

（2）非运输义务性（比如加油、修理）降停的权力。

（3）卸下来自航空器所属国领土的旅客、货物和邮件的权力。

（4）装载前往航空器所属国领土的旅客、货物和邮件的权力。

（5）装载前往或者来自任何其他缔约国领土的旅客、货物和邮件的权力。

《芝加哥公约》是国际民航法体系中宪章性的文件，是现行航空法的基本文件。该公约主要内容包括19个附件：①颁发人员执照；②空中规则；③国际航空中航行的气象服务；④航图；⑤空中和地面运行中所使用的计量单位；⑥航空器运行；⑦航空器国籍与登记标志；⑧适航性；⑨简化手续；⑩航空通信；⑪空中交通服务；⑫搜寻与援救；⑬航空器失事调查；⑭机场；⑮航行情报；⑯环境保护；⑰安全保卫；⑱危险货物的安全空运；⑲安全管理。

第四节　世界民用航空发展的新趋势

航空技术的进步和运输组织管理及服务水平的提高，特别是大型民用运输机出现后，世界民航业一直处于快速增长状态。目前，全球形成了以北美、欧洲和亚太地区为主的三大航空市场，共占全球市场份额的近90%。受经济全球化的影响，世界民航业呈现出新的发展趋势。

一、国家和地区战略性产业——民用航空企业

鉴于民用航空在政治、经济、社会、军事、外交和文化等领域均发挥着十分重要的作用，许多国家和地区把民航业定位为战略性产业，把发展民航业上升为国家战略或地区战略，使之成为本国、本地区在全球化过程中获取最大化利益的有力工具。

美国政府长期以来把“保持美国在全球航空业中的领导地位、提升空中交通容量、保证飞行安全、保护环境、保证国家空防、保卫国家安全”作为发展民航业的战略目标，对民航业发展做出规划、制定政策并给予财政支持。欧盟把发展民航业作为提高其全球竞争力和促进欧洲一体化的重要手段和途径，逐步实现了民航业政策法规的统一制定和实施。海湾各国携石油价格飙升带来的雄厚财力基础和本身所处的亚欧非三大洲交汇点的战略重心地位，纷纷将目光投向民航业，使得该地区成为全球民航业发展最快的地区之一。

各国政府采取了开放天空、加大机场建设投资、发展旅游业和金融业、建立自由贸易区及物流城等政策措施，支持和刺激民航业发展；反过来，又通过民航业的快速发展极大地促进旅游、金融和贸易的增长。

以迪拜为例，它在一定程度上可以说是一个正在走向“民航立国”的酋长国。迪

拜机场是阿联酋航空公司的主要运营基地，该公司于1985年开始运营，迅速成长为拥有飞机近120架、年旅客运输量2 000多万人、净利润排世界前五位、全球服务一流的航空公司。迪拜航空管理局总工程师扎芬透露，机场的基建总成本估计高达330亿美元。迪拜政府一次性订购空中客车A380飞机48架，并把迪拜定位为“东西方的连接者”，因而把发展民航业作为国家的重要战略作为必然的选择。正如迪拜民航局局长所言，要通过航空运输“把世界载进来，把迪拜秀出去”。

新加坡作为一个城市国家，能够成为世界金融和旅游重地，并在全球国家竞争力排名中名列前茅，没有发达的民航业的支撑是不可能实现的。从一定意义上说，新加坡也是一个“民航立国”的典型。

二、航空运输自由化——“放松管制”“开放天空”

航空运输自由化主要是指改革航空运输的管理体制和方法，从政府对企业经营活动的详尽管理过渡到更多地依靠市场力量予以调节，给予企业更多的经营权利和灵活性。一是国内航空运输的自由化，即“放松管制”；二是国际航空运输的自由化，即“天空开放”。

20世纪70年代后期，美国率先改变对航空运输业实行严格管制的政策，在市场进入与退出、价格制定、航线资源分配等方面按市场化原则进行管理，企业经营活动基本不受限制。美国的做法，后来纷纷被其他国家仿效。到目前为止，世界上绝大多数国家都已实行对航空运输经济性管制放松的政策。与此同时，世界各国在航空运输所涉及的安全、环境保护、应急救援等领域加大了政府管制的力度，从而使社会公共利益得到切实维护。

随着美国航空运输业放松管制和欧盟航空运输市场一体化的日趋成熟，航空运输自由化也开始向国际市场进一步扩展。国际航空运输市场自由化的最高形式是“天空开放”，即通航地点、指定承运人、运力班次方面不限制、运价管理自由化等。

诸多国家主要采用渐进式“天空开放”计划，但“天空开放”涉及民航业众多利益主体，特别是涉及国家主权和国防安全，谈判复杂，进程缓慢，发展中国家也在积极研究如何应对“天空开放”。因此短期内尚不存在达成全球性多边民航协定的可能性。但未来20年，以美欧为主的发达国家会对发展中国家航空运输市场逐个蚕食，天空开放是总趋势，世界航空运输大市场将逐步形成。

三、占据市场主体地位——航空联盟

航空联盟由来已久，最早由美国国内市场的干线航空公司与支线航空公司之间合作提供联合中转服务而产生。自20世纪八九十年代以来，航空联盟蓬勃发展。出现星空联盟（Star Alliance）、寰宇一家（oneworld）、天合联盟（Sky Team）等联盟组织。如今，全球航空客运市场70%以上的份额被星空、寰宇一家和天合三大联盟所瓜分。

全球性航空战略联盟的产生和发展主要根植于两个因素：一是经济全球化的进程加速了全世界范围对于国际中转、无缝隙航空旅行及货物运输的需求，单个航空公司或单纯的双边合作，不可能从技术上独立提供一致性的服务；二是航空公司的跨国投资与兼并受到各国政策的严格限制，迫使航空公司将直接投资和持有股权的“资产联盟”转为商业联盟。联盟成员通过共享航空资源，扩大市场势力，降低成本，提高竞争力和经济效益。目前，世界按销售收入排名前20位的航空公司，都是三大航空联盟的成员。

四、运营的主导模式——枢纽辐射式航线结构

把航线的运营模式从“点对点”飞行，改变为先向一点集中再进行中转的模式，即枢纽辐射式航线结构模式。从20世纪80年代开始，枢纽辐射式航线结构在世界范围内得到广泛重视，并迅速发展和完善起来，航空枢纽随之形成，成为航空客运快速中转、集散中心和综合物流节点。2014年全球十大航空枢纽城市分别为伦敦、纽约、东京、亚特兰大、巴黎、芝加哥、北京、洛杉矶、上海和伊斯坦布尔。10个城市的机场旅客吞吐量合计达到10.1亿人次。

五、蓬勃发展的通用航空

随着经济发展水平的提高，私人飞机、公务专机、空中旅游等已成为通用航空发展最为迅速的领域。目前在世界通用航空三大类飞行中，航空作业飞行约占飞行总量的20%，教学训练约占22%，公务飞行占50%以上。

在许多国家，通用航空普遍受到重视，发展比较充分。美国现有通用航空飞机22万多架，占全球通用航空飞机的近70%，每年飞行时间超过2 800万小时，有供通用航空器使用的机场、直升机起降机场17 500个。加拿大约有3.1万架通用航空飞机，澳大利亚、俄罗斯、巴西等国拥有的通用航空飞机也都在1万架以上。通用航空能够在这些国家得到蓬勃发展，既与这些国家旺盛的通用航空需求有关，也与政府对通用航空大力实行扶持政策密不可分。

六、引领民用航空发展——高新科技

近十多年来，高新科技的发展和应用正在提升民用航空的安全水平，并将进一步促进民用航空持续快速发展。

（一）超大型飞机制造技术

2008年已投入运营的载客量最大的空中客车A380飞机，合理采用了碳纤维等新材料和新型发动机等高新技术，飞机的安全性和舒适度得到大幅提高。波音787飞机第一次实现中型飞机尺寸与大型飞机航程的结合，具有较高燃油效率和出色的环保性能。

（二）在空中交通管理领域广泛应用现代通信、卫星、自动化和计算机技术

美国在“新一代航空运输系统”（NGATS）和欧盟提出“单一欧洲天空”（SESAR）计划中提出：2025 年要实现基于卫星的导航技术，将现在的“陆基”导航发展为“星基”导航，全球无导航盲区；通信手段从话音向数据链路过渡，使航路上飞机间的数字通信更加方便可靠；在航路上将允许使用自由飞行功能，空中交通管理系统自动化程度得到极大提高；空中交通管理的程序和方法将从目前的由管制员主导过渡到由飞行用户主导，从对飞行目标的管理过渡到对交通流的管理，空中交通管制和空中交通流量管理的界限将被打破，这两者将融为一个系统，提供统一的空中交通管理服务。新技术的采用使得飞行间隔得以缩小，飞机的超密度飞行成为可能，并且可以自由飞行。

（三）绿色化的航空运输革命

从改善飞机空气动力、提高发动机燃油性能、研制新一代聚合物和复合材料等方面降低航空运输对环境的污染。引入了“绿色机场”理念，把机场建成“节约、环保、科技、人性化”的机场。

（四）民航信息将实现可视化、智能化，交互共享式发展

世界各国民航业都把加快信息化建设作为民航业发展的重要战略。美国在新一代航空运输系统中，计划建设行业综合性公共信息网络平台，使旅客、货主、运输和通用航空运营人、机场等用户可以方便地获取各自所需的信息，掌握自身以及所处环境的动态变化，得到实时的、个性化的情景意识服务，以便及时做出决策。同时，美欧航空强国的航空公司还与机场、铁路等实现了业务信息的交换和共享服务。在民航信息的可视化、智能化、信息交互和共享（SWIM）等方面的大幅创新将成为民航业重要的发展趋势。

（五）民航安检将更加趋于全过程、非干扰式的安全检查

美国新一代航空运输系统中将探索改进先进的传感器、信息系统、精确的身份识别技术等，实施从值机、交运行李，到海关、移民、检疫直至最后经廊桥登机全过程非干扰式的安全检查；将对流动中的旅客、行李、货物实施安全检查，并建设贯穿全过程的旅客和物流空防安全的保安系统，最终在确保安全的基础上，改善目前给旅客和货主带来的不便。

正如国际航空电讯集团（SITA）所描述的：“民航业是全球最具活力和令人振奋的行业。”“活力”的源泉和“振奋”的动力来自于全球民航业对人类社会发展有决定性作用的科技进步的关注和对科技应用的追求。科技决定未来，关注科技新发展就是关注民航业大未来。

练习题

1. 举例说出世界航空发展过程中的几个第一。
2. 请列举航空业发展中的大事记。
3. 请写出国际民航组织的宗旨和目的。
4. 国际航空运输协会的缩写是什么？
5. 引领民用航空发展的高新科技有哪几项？
6. 简述世界民航组织的成立过程。
7. 喷气航空新时代是哪年开始的？
8. 《芝加哥公约》规定的五种空中自由权包括什么？
9. 航空运输自由化是指哪两个方面？
10. 喷气飞机有哪些特性？

第三章　世界航空公司

教学目标

1. 了解世界各大洲航空公司的中、英文名称。
2. 讲述世界各大洲航空公司的历史和发展状况。
3. 分享世界各大洲航空公司获得的不同荣誉。
4. 清楚航空联盟的种类和产生的意义。
5. 感受国际三大航空联盟在航空运输中带给其成员航空公司和旅客的益处。
6. 学会分析世界最佳航空公司的实力及展现的优势。
7. 了解世界最安全航空公司拥有的良好声誉。
8. 把握2016年全球最佳航空公司的不同特点。

世界民航业正在发生巨大变化。欧美民航业进行行业整合，集中度提高，已经形成巨型航空公司主导世界民航业的竞争格局。天空开放协议，将加快全球航空公司行业的兼并重组。

第一节　世界各大洲航空公司

世界民航业的发展格局深刻影响亚洲和中国。日本的日航与JAS于2005年10月合并成日航集团，成为日本第一大航空公司。国泰航空于2006年完成对港龙航空的收购，完成了香港航空运输业的整合。澳大利亚政府总理则公开力促澳大利亚国家航空公司快达航空和新加坡航空合并，新加坡政府立即予以支持。

亚洲最咄咄逼人的航空公司显然是中东地区的阿联酋航空（Emirates），石油价格的暴涨不仅使其腰包满满，同时鼓舞了其令全球民航十分惊讶的雄心壮志——将迪拜打造成为全球的远程航线中转枢纽。

欧美民航业呈现“3+3”的局面，各被3家超级航空公司控制，形成以法航—荷航集团、汉莎航空、英航为核心的欧洲三大巨型航空集团，对阵美国达美航空公司、美国联合航空公司、美利坚航空公司的局面。

一、亚洲

亚洲主要的航空公司有国航、南航、海航、东航、国泰、港龙，还有全日空、大韩、新加坡和马来西亚等。

（一）中国国际航空股份有限公司

中国国际航空股份有限公司（Air China Limited，Air China）是中国首家航线网络覆盖亚洲、欧洲、北美洲、南美洲、非洲及大洋洲的航空公司，是世界最大航空联盟——星空联盟成员，也是中国唯一挂国旗的航空公司，是中国内地三星航空（见图3-1）。

图3-1　中国国际航空股份有限公司首架波音787-9客机安全降落

国航以落实“民航强国”战略为己任，始终保持战略定力，安全水平继续保持世界领先。国航拥有中国民航最大规模的B747、B787、A330、A340等宽体飞机机队，高原飞行机队，以及结构最为优化的宽窄体机队组合。成为中欧之间第一大承运人，中美之间第二大承运人。品牌价值高居业内榜首，连续九年位列世界品牌500强，成为中国民航唯一一家入选企业。

截至2016年，国航经营的客运航线条数达到380条，其中国际航线103条，地区航线16条，国内航线261条。通航国家（地区）40个，通航城市176个，其中国际及地区69个，国内107个。平均每日运营1 305架次。客月运输总量435.07万人次。

随着全球影响力扩大和一带一路战略的深入，中国正在成为具有世界影响力的大国，今后将会有以国航为代表的更多航空公司飞出去，搭建连接中国与世界的桥梁。

案例分享

金凤组新年航班

“尊敬的旅客您好！欢迎您选乘中国国际航空公司CA907/01JAN航班前往马德里。此次航班是2017年北京首班出港航班，我们特别为您准备了一份惊喜，期待您与国航一起开启2017精彩旅程！”登上飞机，旅客们立即被机舱内浓浓的节日气氛感染，乘务组和旅客们互道问候……

"我是本次航班的机长，在此代表全体机组成员祝大家元旦快乐！在广大旅客的厚爱下，国航已经成为飞往六大洲的航空公司，我们会不断努力飞得更高，飞得更远，更安全，更舒适，让我们一起去发现世界之美，感受中国之美！"

"我们是来自金凤乘务组的乘务人员，国航标识就是一只火红的凤凰，寓意着平安与吉祥，希望通过我们精心的服务给大家带来美好的出行体验。感恩旅客，祝福祖国，祝大家元旦快乐！"

旅客刘先生难掩激动："非常幸运！搭乘2017年第一班飞机，是个好彩头！我们还得到了国航的新年礼物，把这份幸运和喜悦带给大家，元旦快乐！国航展翅飞翔！"

（二）中国南方航空股份有限公司

中国南方航空股份有限公司（China Southern Airlines Company Limited）是世界三大联盟之一——天合联盟成员（见图3－2）。

图3－2 中国南方航空股份有限公司空客380飞机

2017年3月28日，南方航空发布公告宣布与美国航空就潜在的重大战略合作的部分核心内容达成一致，其中包括向美国航空发行H股股份，以及计划与美国航空开展代码共享、联运协议等一系列商务合作。

美国航空是如今全球规模最大的航空公司，南方航空则拥有亚洲最大规模的机队，这两家航空公司的合作，在民航业内产生了极大影响。美国航空持有南航股本2.68%。与南航的合作，是美国航空在中国深耕计划中的重要一步。

根据此次合作计划，南方航空拟以5.74港元/股向美航新发行H股股票270 606 272股，总价约为155 328万港元。在此次发行完成后，美国航空持有南航H股约8.83%的股本及约2.68%的全部股本。

其次是一系列的商务合作协议。未来南航和美航将持续加强合作，通过更深层地利用相互之间的航线网络持续提升旅客体验，实现在整个中美市场上的相互支持。内容包括双方实施代码共享合作，将航线网络延伸至中国和美国境内更多的城市，为旅客提供更加完善的网络通达性以及更加多样化的旅行选择。根据双方一致协商，双方还在代码共享、联运协议、人员/经验交流、销售、旅客忠诚度计划和机场设施共享等领域开展深入合作，逐步建立起长期、全面的战略合作伙伴关系。

南航此次与美航开展的股权合作以及推出的商业合作计划，定位于全面深化国企改革，打造“阳光南航”，探索国有企业发展混合所有制经济，服务广东经济社会发展，建设具有国际竞争力的世界一流航空产业集团的重大战略举措。

拥有亚洲第一机队的南方航空，亦在国际航线布局上穷追不舍。南航的主要航线布局为中欧航线和澳新航线，是澳新地区最大承运人。

2011 年 10 月 14 日，欧洲飞机制造商空中客车公司在法国图卢兹向南航交付中国首架 A380 飞机。南航成为中国首家、全球第七家运营空客 A380 飞机的航空公司。空客 A380 飞机为上下两层独立的全尺寸宽体客舱。南航的 A380 飞机采用三级客舱布局，上下两层客舱共设 506 个座席，包括 8 个包厢式豪华头等舱、70 个全平躺头等舱和 428 个经济舱座席。

（三）中国东方航空股份有限公司

中国东方航空股份有限公司（China Eastern Airlines Corporation Limited）机队规模近 400 架，主要机型有 B777，B767，B737/A330，A320，A319 等（见图 3－3）。

图 3－3　中国东方航空股份有限公司飞机

中国东方航空股份有限公司（China Eastern Airlines）总部位于上海，是中国三大国有大型骨干航空企业之一。

2014 年 9 月 29 日上午，中国东方航空首架波音 777－300ER 飞抵北京首都国际机场，华丽亮相。并且在新飞机上喷绘了全新涂装。此架飞机于 9 月 26 日从美国西雅图飞抵上海，随即在上海、北京、广州三地进行静态展示。在第二架 777－300ER（B－2002）交付后的第二天，东航开启了上海—纽约的航线。截至 2015 年 7 月，东航共拥有 386 架客机。

2016 年 8 月，中国东方航空集团公司在“2016 中国企业 500 强”中排名第 155 位。根据中国企业会计准则，东航 2016 年实现营业收入人民币 985.60 亿元，同比增长 5.03%，位居全球第七大航空公司。

（四）中国海南航空股份有限公司

中国海南航空股份有限公司（Hainan Airlines Company Limited）是继中国国际航空股份有限公司、中国南方航空股份有限公司及中国东方航空股份有限公司后中国第四大航空股份有限公司。总部设在海南省海口市，是中国第一家 A 股和 B 股同时上市的航空公司，是海航集团旗下航空公司之一，中国内地唯一一家 Sky Trax 五星航空公司。海南航空追求“诚信、业绩、创新”的企业管理理念，凭借“内修中华传统文化精粹，外融西方先进科学技术”的中西合璧企业文化，创造了一家新锐的航空公司（见图 3－4）。

图 3－4 中国海南航空股份有限公司飞机

海南航空秉承“东方待客之道”，倡导“以客为尊”的服务理念，从满足客户深层次需求出发，创造全新飞行体验，改变旅客期望，立志成为中华民族的世界级航空企业和世界级航空品牌。以民航强国战略为主导，加速国际化布局，倾力打造规模和运营能力居世界前列的航空公司。

2016 年 8 月 3 日，海南航空宣布，完成对巴西蓝色航空 4.5 亿美元（约合 29.84 亿元人民币）的战略投资，收购蓝色航空 23.7% 的股权，成为其单一最大股东。

（五）新加坡航空

新加坡航空公司（Singapore Airlines）成立于 1947 年，是新加坡的国家航空公司，也是 Sky Trax 五星级航空公司，星空联盟成员，其客运航线网络覆盖 35 个国家的 65 个目的地。在所有主要航空公司中，新加坡航空公司是拥有最新式机队的航空公司之一，其机队飞机机龄平均仅 6 年多。其 90 架客机机队中包括：空中客车 A380、波音 747－400、各种型号的波音 777 和空中客车 A340－500 等型号的飞机（见图 3－5）。

图 3-5 新加坡航空公司飞机

2015 年 7 月，新加坡航空公司位居著名旅行杂志 *Travel + Leisure* 发布的 2015 年度全球最佳航空公司排行榜榜首。

为庆祝新航集团成立 70 周年，新加坡航空及胜安航空联手新加坡樟宜机场，于 2017 年 5 月 15 日至 6 月 30 日共同推出夏季特惠活动。活动期间，旅客可以超值优惠价格搭乘新航及胜安航空航班前往世界各地。

新加坡航空公司自成立以来，赢得了创新市场领先者的荣誉，同时提供优质服务和高质量产品。新加坡航空品牌在航空界广为人知，尤其是在安全、服务质量和革新风格方面。新加坡航空公司一直被誉为最舒适和最安全的航空公司之一。

（六）阿联酋航空公司

阿联酋航空公司（Emirates Airlines）成立于 1985 年 5 月 25 日，全称为阿拉伯联合酋长国航空公司。1985 年 11 月，阿联酋航空的第一架飞机飞上蓝天（见图 3-6）。阿联酋航空公司由迪拜酋长国政府拥有，总部设于迪拜，以迪拜国际机场为基地，其母公司称为阿联酋航空集团（The Emirates Group），提供金卡、银卡和蓝卡三种会员等级。

图 3-6 阿联酋航空公司乘务员

阿联酋航空公司成立之初，向政府贷款 1 000 万美元启动公司业务，只有 2 架租来的飞机和 3 条航线。阿联酋航空订购的空客 A380 飞机总数达到 140 架，截至 2013 年 11 月 17 日，已接收 39 架 A380。

2015 年 7 月，阿联酋航空位列“全球十佳航空”榜单第二位。

阿联酋航空是全球最大的国际航空公司之一，继荣膺 Sky Trax2016 年度“全球最佳航空公司”后，阿联酋航空又摘得了 2017 年“Trip Advisor（猫途鹰）旅行者之选”世界最佳航空公司的桂冠。同时还一举囊括世界最佳经济舱、世界最佳头等舱、中东和非洲最佳干线航空公司和全球十佳航空公司四项大奖。

2016 年，阿联酋航空成为全球首家也是唯一一家全线用空客 A380 和波音 777 的航空公司。

2016 年 3 月，阿联酋航空与宁夏回族自治区旅游局在迪拜签署了旅游发展谅解备忘录，旨在通过阿航的全球航线网络进一步推动银川乃至宁夏地区与迪拜和中东地区旅游业互惠共赢的合作关系。银川是中国与中东地区经济贸易合作和文化交流的枢纽，也是中国“一带一路”倡议中重要的西部城市之一。

阿联酋航空庞大的航线网络横跨非洲、欧洲、中东和中亚。阿联酋航空的服务覆盖“一带一路”沿线 65 个国家中的 30 个国家的 58 个城市，在促进中国与一带一路沿线国家贸易和投资方面，起着独一无二的纽带作用。

二、欧洲

为了应对低成本航空公司的挤压和日益激烈的市场竞争，欧洲的大型航空公司在欧洲“单一天空”政策的指导下，打破原有的国家界限，纷纷开展跨国的兼并重组。

法航通过一系列兼并收购，于 2003 年成功组建了营业收入世界第一的法航—荷航集团，形成了以巴黎戴高乐机场和阿姆斯特丹机场为双枢纽的庞大的航线网络。经营利润 2004 年为 4.14 亿欧元，2005 年为 5.5 亿欧元。随着整合的进一步成功，协同效应越来越大，2006 年利润达到 9.36 亿欧元，成为世界上最盈利的航空公司。法航与荷航的整合取得了巨大的成功，2008 年年初又得到意大利政府的批准，开始收购意大利航空公司。

德国汉莎通过收购亏损的瑞士航空，进一步扩大了自己的规模，获得了瑞士航空的优质航线和客户资源，加强了自己的竞争力，巩固了自己在欧洲第二的地位。2006 年经营性利润为 8.45 亿欧元，比 2005 年增长 46.4%，汉莎整合瑞士航空同样取得圆满成功。

以法航—荷航集团、汉莎航空、英航为核心的欧洲三大巨型航空公司已经基本成形而且还在不断壮大。

（一）英国航空公司

英国航空公司（British Airways）成立于 1924 年 3 月 31 日。总部位于英国伦敦希思罗机场。全球航班网络覆盖 75 个国家的 150 多个目的地（见图 3－7）。它是全球大型国际航空公司之一，每年乘载约 3 600 万名乘客。

图 3－7　英国航空公司飞机

英国航空公司自 1980 年起为中国提供服务。目前每周有 7 个航班由北京直飞伦敦（冬季为每周 6 班），同时每周有 6 个航班从上海直飞伦敦，以及 2013 年 9 月开始的每周 3 个航班从成都直飞伦敦。英国航空公司专属的伦敦希思罗机场第五航站楼于 2008 年 3 月 27 日投入服务。该航站楼每年可以吞吐 3000 万名旅客。所有航班于 2008 年 10 月完成入主此航站楼。

英航是寰宇一家创始成员。

（二）德国汉莎航空公司

德国汉莎航空公司（Lufthansa）德文原意是指“空中的汉莎”，通常简称为汉莎航空。“汉莎”源自 13 至 15 世纪北德地区强大的商业联盟——汉莎同盟。总部位于德国法兰克福国际机场和慕尼黑国际机场。德国汉莎航空的客运和货运服务的经营中心位于法兰克福。汉莎航空是德国最大的航空公司，也是德国的国家航空公司（Flag Carrier）（见图 3－8）。

图 3－8　德国汉莎航空公司飞机

德国汉莎航空股份公司（德文：Deutsche Lufthansa AG）母公司是德国汉莎航空集团（Lufthansa）。瑞士国际航空公司（Swiss International Air Lines）亦隶属德国汉莎航空集团。

（三）荷兰皇家航空公司

为了统一全球形象，荷兰的航空公司一律以荷兰皇家航空公司自称，是一家以荷兰阿姆斯特丹为总部的国际航空公司，创立于 1919 年 10 月 7 日。

荷兰皇家航空公司（KLM Royal Dutch Airlines，KLM）主要航空枢纽是阿姆斯特丹史基浦国际机场（Schiphol Airport）。荷兰皇家航空公司是天合联盟成员之一。在国际航空运输协会（IATA）的成员中，荷航的国际货运量和飞行里程均名列前茅（见图 3－9）。

图 3－9　荷兰皇家航空公司客机

荷航是法国航空—荷兰皇家航空集团（Air France－KLM Group）100% 持股的子公司，在同意被法国航空收购前，原是荷兰的国家航空公司。2005 年，荷兰皇家航空公司与法国航空公司合并，组成欧洲最大的航空集团——法国航空—荷兰皇家航空集团，法航与荷航各自以独立的品牌名称经营。

（四）俄罗斯航空公司

俄罗斯航空公司（Aeroflot－Russian Airlines）前身为苏联国家航空（Aeroflot－Soviet Airlines），创始于 1923 年。初期成立名为 Dobrolet，到 1932 年才改为 Aeroflot，意为“空中机队”。总部位于莫斯科，基地设于莫斯科的谢列梅捷沃机场（见图 3－10）。

图 3－10　俄罗斯航空公司客机

俄罗斯民用航空总局（Aeroflot）暨俄罗斯航空成立于1992年，俄罗斯联邦政府拥有俄罗斯航空51%的股份。俄罗斯航空是俄罗斯的国家航空公司。该公司为俄罗斯最大的航空公司。俄罗斯航空亦是天合联盟的成员之一。

（五）法国航空公司

法国航空公司（Air France）通常简称法航，是一家法国的国际航空公司。总部位于巴黎夏尔·戴高乐国际机场。法国航空公司成立于1933年（见图3－11）。

图3－11　法国航空客机

法航是法国国营航空公司，隶属法国航空—荷兰皇家航空集团（Air France－KLM Group）。法国航空公司在2004年5月收购荷兰皇家航空公司，并组成法国航空—荷兰皇家航空集团（Air France－KLM）。Air France－KLM在法国的法律之下成立，总部设于巴黎戴高乐国际机场。法国航空—荷兰皇家航空集团是欧洲大的航空公司，及世界上大的航空公司之一。Air France－KLM是天合联盟的成员。法国航空公司是天合联盟的创始成员之一。

（六）土耳其航空公司

土耳其航空公司（Turkish Airlines）成立于1933年5月20日，总部位于伊斯坦布尔。

土耳其航空是土耳其的国家航空公司。运营到欧洲、中东、远东、北非、南非和美国的定期航班。联盟伙伴有：法国航空公司、巴尔干保加利亚航空公司、捷克航空公司、瑞士航空公司、罗马尼亚航空公司，是星空联盟正式成员之一（见图3－12）。

在Sky Trax2016年调查中，土耳其航空公司连续六年荣膺“欧洲最佳航空公司”奖。

图3－12 土耳其航空客机

三、美洲

为了应对“9·11”以后面临的困境以及欧洲超级航空承运人的威胁，同时在资本市场的积极推动下，美国的航空公司也开始了行业重组与合并，几乎主要的航空公司都已牵扯其中。

（一）美国联合航空公司

美国联合航空公司（United Airlines）简称“美联航”，是美国目前最大的一家大型航空公司。美国联合航空公司总部位于美国伊利诺伊州芝加哥市郊，邻近其主要枢纽机场芝加哥奥黑尔国际机场。美联航是星空联盟的创始成员之一（见图3－13）。

图3－13 美国联合航空公司客机

2011年11月30日，美联航与美国大陆航空达成合并协议，双方的合并程序逐步进行，两家公司先后在均有业务的机场进行航站柜台、登机位等地勤服务的搬迁整合和标志更换。联合航空“红地毯贵宾室”（Red Carpet Club）与大陆航空贵宾室（Presidents Club）合并成为联合航空贵宾室（United Club）。2012年3月3日，美国大陆航空的飞行常客奖励计划“翼通天下”（One Pass）并入美联航“前程万里”（Mileage Plus）计划，大陆航空品牌也在同日起正式消失。

（二）美国达美航空公司

美国达美航空（Delta）成立于1928年。2008年，达美航空与西北航空合并，组建成为达美航空，并将公司总部设在了亚特兰大与明尼苏达（见图3－14）。

图3－14　达美航空公司飞机

达美航空（美国达美航空通常简称达美航空，常被译为“三角洲航空”或“德尔塔航空”）是天合联盟（Sky Team）的创始成员航空公司之一。全球员工人数接近80 000人，拥有700多架飞机，每天可提供超过15 000架次航班服务，航线遍布64个国家的333个目的地，覆盖全球6大洲。

达美航空每年向1.65亿人次提供服务。2014年，达美被《财富》杂志评为50家“世界最受推崇的公司”之一。

达美航空公司在全美和全世界范围内为乘客提供飞行服务和进行货物运输。该公司与其国内国外的代码共享伙伴组成的航线网络，覆盖了美国48个州的218个城市和58个国家的131个城市。

就起飞的航班数及乘坐飞机的乘客数而言，达美航空是美国最大的航空公司。若用年营业收入及乘客飞行里程衡量，则为美国的第三大航空公司。达美航空是美国飞越大西洋的主要航空公司，每天起飞的航班最多，所服务的直达飞行市场最多，乘客数也比美国的其他航空公司都多。

达美航空在中国大陆及香港运营：北京往返底特律、西雅图，上海往返底特律、西雅图，上海/香港往返东京及香港往返西雅图的航线。达美航空的公务客舱“飞凡商务客舱”可实现180度平躺，每个座位都可以直接和走道相连；“优越经济舱”比经济舱标准座椅的倾斜度增加50%，腿部伸展空间增加多达10厘米，更易乘客舒展身体；经济舱配备个人娱乐系统以供乘客使用。达美航空崇尚“忠诚永不过期”，因此达美航空“飞凡里程常客计划”的里程永不过期。

（三）美国航空公司

美国航空公司（American Airlines），或译美利坚航空公司，简称美航，是全世界载客量和机队大小最大的航空公司，是营业收入第二大航空公司，仅次于法国航空—荷兰皇家航空集团。它的总部位于得克萨斯州的沃斯堡，紧邻达拉斯—沃斯堡国际机场，执行的航班遍及整个美国，还有飞往加拿大、拉丁美洲、西欧、日本、中国和印度的航班（见图3－15）。

图3－15　美国航空公司客机

美国航空公司为寰宇一家的创始成员之一。

从2015年10月17日开始，全美航空公司（US Airways Group）与美国航空公司（American Airlines）联手打造的全球最大的航空公司正式运营。当天，美国部分国际机场的航站楼也将全美航空公司的名字从列表中删除，取而代之的是美国航空公司。直到2016年年底，全美航空公司的飞机全部“改头换面”，换成美国航空公司的标志。

美国航空致力提供卓越的全球飞行体验，公司共飞往50多个国家和地区的260多个城市。美国航空的机队由近900架飞机组成，每日从芝加哥、达拉斯—沃斯堡、洛杉矶、迈阿密和纽约五大枢纽起飞的航班数量超过3 500个班次。美国航空的国际航线接近100条，包括伦敦、马德里、圣保罗、东京和上海等重要国际大都市。

（四）加拿大航空公司

加拿大航空公司（Canadian Airlines）建立于1936年，飞往全球178个城市（见图3－16）。

图3－16　加拿大航空公司客机

加拿大航空公司是寰宇一家创始成员。于 2000 年被属于星空联盟的加拿大枫叶航空（星空联盟成员）并购，加拿大枫叶航空改为加拿大航空。

加拿大航空公司是世界上最安全的航空公司之一，从 1983 年开始有 484 趟航班的飞行，仅发生过一次事故。

四、非洲

（一）埃塞俄比亚航空

埃塞俄比亚航空（Ethiopian Airlines）是埃塞俄比亚国家航空公司，是非洲第四大航空公司。乘客数量排名非洲第二。其总部位于亚的斯亚贝巴博乐国际机场，公司经营多条定期的客运和货运航班，前往全球 45 个目的地，另外公司也拥有庞大的国内线网络（见图 3 – 17）。

图 3 – 17　埃塞俄比亚航空公司客机

埃塞俄比亚航空公司于 2017 年 5 月 22 日起开通埃塞俄比亚首都亚的斯亚贝巴至中国成都的直飞航线，该航线每周三班，由波音 787 机型执飞。成都同样也是埃塞俄比亚航空的星空联盟伙伴——中国国际航空公司的主要枢纽。伴随着新航线的开通，埃塞俄比亚航空的乘客得以通过中国国际航空迅捷地连接深圳、昆明、武汉、杭州、厦门、长沙和乌鲁木齐等中国的多个目的地。

五、大洋洲

（一）澳洲航空公司

澳洲航空公司（Qantas）于 1920 年在澳大利亚昆士兰省创立，是全球历史最悠久的航空公司之一（见图 3 – 18）。澳洲航空公司是澳大利亚第一大航空公司，是澳大利亚国家航空公司，其母公司为澳洲航空集团。

澳洲航空的袋鼠标志，象征着可靠、安全、先进技术及优质服务。

图3－18 澳洲航空公司客机

（二）新西兰航空公司

新西兰航空公司（Air New Zealand Limited.）是新西兰最大的航空公司，是一家经营国际和新西兰国内航空运输业务的集团公司，其运营基地设在新西兰奥克兰。新西兰航空公司是新西兰的国家航空公司。总部位于新西兰奥克兰（见图3－19）。枢纽机场为奥克兰国际机场、惠灵顿国际机场。

图3－19 新西兰航空公司客机

第二节 世界三大航空联盟

一、航空联盟的产生

为适应放松管制扩展到欧洲、日本带来的民航市场全球化，兼并、重组、代码共享、天空开放，民航业实现了第一次大发展。

随着航空运输市场自由化，建立国际航空联盟、形成全球性的航线网络结构已成为运输业发展的一大趋势。国际航空联盟是航空公司进入国外航空运输市场、实现全球化发展战略的有效途径。航空公司联盟的兴起，对于中国的航空公司既是一个机遇，也是一个挑战。航空公司如何进行联盟选择，是一个重要的战略决策。

（一）航空公司联盟的概念

航空公司战略联盟，是指两个或两个以上的航空公司，组成的伙伴关系。参加联盟的航空公司都是独立的主体，签订合作协议明确双方或多方的权利和义务，联合经营航空运输业务。

航空公司联盟组织是建立在多边合作基础上，多家航空公司间的多边管理模式。其目的是为了提升网络、产品和服务的规模优势，为旅客提供更方便和优质的服务，提升市场份额和航空公司收益水平。有效利用联盟的强劲枢纽做辐射，通过代码共享、常旅客计划共享手段，联盟成员在不需要投入任何资源的情况下就能增加运力和航班密度。

（二）航空公司联盟的类型

航空公司联盟有三种类型：

第一种为简单的航线联盟；第二种为大范围的商业联盟；第三种为产权联盟。

第二种和第三种被理论界称为“战略联盟”，因为这种方式需要企业全方位参与并做出战略层面的承诺。直到目前，航空公司联盟主要类型为第一、第二种类型。在三种类型的联盟中，航空公司合作的方式各不相同，但基本包括在上述国际民航组织归纳的范围中。

从参与联盟的航空公司数量上，可以将联盟分为一对一的联盟和多家航空公司联盟。还可以从地理范围上将航空公司联盟分为国内联盟、区域性国际联盟和全球性国际联盟。

（三）航空公司联盟的影响

航空公司联盟的影响有六个方面。

（1）代码共享。航空联盟可提供更大的航空网络。很多航空联盟都是来自几个航空公司之间的代码共享网络发展而成。

（2）共用维修设施、运作设备和职员，相互支援地勤与空厨作业以降低成本。

（3）由于成本减少，乘客可以更低廉价格购买机票。

（4）航班开出时间更灵活且有弹性。

（5）转机次数减少，乘客可更方便地抵达目的地。

（6）乘客在旅游奖励计划，如亚洲万里通使用同一账户乘搭不同航空公司均可赚取飞行里程数。

航空联盟的飞速发展得益于其给旅客及联盟成员带来的日益明显的利益。世界航空运输业竞争日益加剧，使航空公司的生存发展越来越艰难。通过联盟与合作，航空公司可以在不增加投资、不扩大机群的情况下，扩大飞行网络和运营范围，同时可更充分地利用其已有运力，增加运营效率。

二、国际三大航空联盟

全球最大的三个航空联盟分别是星空联盟、天合联盟及寰宇一家。航空联盟是两家或以上的航空公司之间所达成的合作协议。

（一）三大航空联盟组成

1. 星空联盟（Star Alliance）

（1）成立背景。1997 年，由联合航空与汉莎航空两家分别来自美洲与欧洲的民航巨擘为主干，再加上加拿大航空、北欧航空与泰国国际航空，5 家航空公司宣布星空联盟正式成立（见图 3－20）。联盟成立的主要宗旨是希望借由各成员所串联而成的环球航空网络，为乘客提供一致的高品质服务以及全球认可的识别标志，并加强每个联盟成员在本地及全球所提供的服务及发展统一的服务产品（见图 3－21）。星空联盟的企业识别标志是由五个三角形组合而成的五角星，象征创立联盟的 5 个初始会员。

图 3－20　星空联盟

（2）联盟成员。“星空联盟”航线遍及全球。星空联盟总部位于德国法兰克福。“星空联盟”是全球领先的航空联盟，截至目前共有 28 家成员航空公司。中国国际航空公司（Air China Ltd.）、上海航空（Shanghai Airlines Co.）和深圳航空公司已经分别正式加入星空联盟。星空联盟成立以来发展迅速，航线涵盖了 192 个国家和地区以及 1 330 个机场。

图 3－21　“星空联盟”航空公司多姿多彩、多文化、经验丰富的团队

（3）联盟服务。星空联盟的标语是“地球联结的方式”（Theway the Earth connects）。“星空联盟”全球雇员逾 34 万人，每年为超过 4 亿乘客提供航空旅行服务。联盟拥有 2 600 余架高性能现代化的飞机，每天出入港的航班达到 15 000 架次，飞往 138

个国家和地区的790个机场。其成员航空公司的贵宾可进入全球620个机场的贵宾休息室候机。现在，每3秒钟就有一架属于“星空联盟”的航班起飞或者降落。联盟于2003年和2005年两次被“Sky Trax”评为“世界最佳航空联盟”。“星空联盟”不仅为其成员航空公司带来巨大收益，同时也帮助它们降低运营成本。联盟成员继续通过联购联销、共同的燃油战略、机队协调、协同定位及采用统一的信息技术平台等方法降低相关成本。

（4）联盟实惠。“星空联盟”的会员搭乘联盟内任何一家航空公司的航班，都可积攒和兑换里程积分。客户也可以用积累的里程升至更高级别的会员。“星空联盟”金卡和银卡会员在搭乘联盟成员航空公司航班时还享受贵宾待遇。①优先办理登机手续：“星空联盟”金卡会员享用专门的值机柜台办理登机手续。②优先候补权：“星空联盟”金卡和银卡会员在航班预订已满时，享受优先候补权。③优先机场候补权：“星空联盟”金卡和银卡会员如在到达机场前未作预订，且欲搭乘联盟航班，可根据相关规定享有优先候补权。④持全价机票的乘客如果在机场临时更改航班，可直接搭乘联盟其他成员航空公司的航班。⑤享受贵宾休息室：“星空联盟”金卡会员可在全球机场贵宾休息室享受贵宾级待遇。⑥航班时刻协调：“星空联盟”各成员航空公司通过协调航班进出港时间，优化多方联系，降低旅客候机时间。⑦优先寄存取行李：“星空联盟”金卡会员还可在联盟内享受优先寄存取行李的服务。⑧增加托运行李额度：“星空联盟”金卡会员可额外免费享受一件行李的托运（低于或等于20公斤）。

2. 天合联盟

（1）成立背景。天合联盟是航空公司形成的国际航空服务网络。2000年6月22日，美国达美航空公司、法国航空公司以及大韩航空公司、墨西哥国际航空公司宣布共同组建“天合联盟”（Sky Team），又译“空中联队”（见图3－22）。2001年，意大利航空公司和捷克航空公司加入天合联盟。随着美国大陆航空公司、美国西北航空公司、荷兰皇家航空公司以及俄罗斯航空公司的加入，天合联盟成为全球民航业第二大航空公司联盟。

图3－22　天合联盟

（2）联盟成员。随着开放天空和全球性的航空公司战略联盟在国际民用航空界渐成趋势。1997年首个国际性航空公司联盟——星空联盟正式成立。其他大型航空公司竞相成立联盟团队，以与星空联盟抗衡。

2007年11月15日，中国南方航空公司加入天合联盟，成为首家加入国际航空联盟的中国内地航空公司。

2011年6月21日，中国东方航空公司正式加入天合联盟，从而进一步为国内外旅客提供更优质的服务和更多的旅行线路选择。

中国台湾省的中华航空公司、沙特阿拉伯航空、中东航空公司、阿根廷航空、厦门航空公司、印度尼西亚鹰航空公司加入其联盟。

（3）天合优享。天合联盟于2011年启动天合优享（Sky Priority）项目。

目前只要拥有联盟成员、联盟附属成员、非联盟附属成员但为联盟成员之子公司的最高等级、次高等级会员，如：拥有中华航空及华信航空之“晶钻卡”或“翡翠卡”之会员均可享受天合优享之服务。

天合优享之优惠内容：①优先报到柜台（专属柜台或是商务/头等舱报到柜台）。②免费行李托运（公斤限制变少）。③特殊通关礼遇（有些欧美国家不适用）。④免费进入贵宾室（有些欧美航空公司须付费）。⑤优先登机。⑥优先获得座舱升级。⑦优先提取行李等。

（4）联盟实惠。对乘客本着“以客为尊”的服务宗旨，“天合联盟”每天为全球提供6 402个航班。其新成员的加入和亚洲共用机场的建立将确立这一航空联盟在这一领域的领导地位。天合联盟是全球首家以客为先的环球航空联盟。通过遍及全球的航运中枢网络，“天合联盟”每年的载客量高达17 670万名，这些乘客大部分位于占据全球八成航空交通量的北半球。

3. 寰宇一家

（1）成立背景。寰宇一家是全球第三大航空联盟。初时总部位于加拿大温哥华，其后于2011年5月26日正式宣布把总部迁往美国纽约市。见图3－23。

寰宇一家是1999年2月1日正式成立的国际性航空公司联盟。该联盟由美国航空公司、英国航空公司、原加拿大航空公司（Canadian Airlines，现已被Air Canada收购）、国泰航空公司及澳洲航空公司（澳大利亚康达斯）发起组成。

图3－23 寰宇一家

（2）联盟成员。1999年2月1日起正式运作，结盟使五家航空公司获益明显，尤其是香港国泰航空公司在很大程度上补足了其他盟友在远东市场的份额。

芬兰航空公司、西班牙国家航空公司、日本航空、智利国家航空公司、匈牙利航空公司、约旦皇家航空公司、西伯利亚航空公司、墨西哥航空、卡塔尔航空公司、柏林航空、马来西亚航空、巴西天马航空、斯里兰卡航空等航空公司加入其联盟。

（3）联盟服务。寰宇一家联盟合作伙伴为旅客提供超过任何独立航空公司网络的优惠。

寰宇一家联盟航空公司的会员，其奖励及特权均可在寰宇一家联盟航空公司中享用。当旅客以有效票价乘坐任何寰宇一家联盟航空公司的有效航班时，将为自己的积分计划赢取里程奖励计划。

旅客可以在全球联盟成员目的地实施兑换里程。会员航空公司的旅客计划有各自不同的名称，寰宇一家相应创造不同级别——翡翠级、蓝宝石级和红宝石级，确保旅客获得其会员级别相应的特权。

寰宇一家联盟航空公司旅客乘坐任何寰宇一家航空公司的航班可提供会员航空

公司的贵宾候机厅。提供旅客在寰宇一家会员航空公司之间顺利转机的服务。

寰宇一家成员航空公司航班将迁往同一航站楼或就近航站楼，以配合基地的运作，方便转机联系。为旅客提供所有会员航空公司之间国际联运电子客票服务，有助于旅客通过航线网络采取任何承运航空公司的组合形式。

（4）联盟实惠。寰宇一家各成员航空公司已于2005年4月完成电子机票互通安排的程序，亦是全球首个在成员航空公司之间实现电子机票互通安排的航空联盟。

在三大航空联盟中，寰宇一家提供了覆盖最全面，选择最广泛的环球机票。寰宇一家成员航空公司及其附属航空公司亦在航班时间、票务、代码共享、乘客转机、飞行常客计划、机场贵宾室以及降低支出等多方面进行合作。

第三节　世界最具影响力的航空公司

一、世界十大著名航空公司

全球十大著名航空公司的服务质量为世界顶级水平。包括：

（1）英国航空公司（British Airways）：总部位于英国伦敦希斯罗国际机场。

（2）法国航空公司（Air France）：总部位于法国巴黎戴高乐国际机场。

（3）德国汉莎航空公司（Lufthansa）：总部位于德国法兰克福国际机场和慕尼黑国际机场。

（4）新加坡航空公司（Singapore Airlines）：总部位于新加坡章宜国际机场。

（5）美国联合航空公司（United Airlines）：总部位于美国伊利诺伊州芝加哥市郊。

（6）日本航空公司（Japan Airlines）：总部位于日本东京成田国际机场、大阪关西国际机场。

（7）荷兰皇家航空公司（KLM）：总部位于荷兰阿姆斯特丹斯西霍普国际机场。

（8）美国航空公司（American Airlines）：总部位于美国达拉斯国际机场、洛杉矶国际机场、休斯敦国际机场。

（9）美国西北航空公司（Northwest Airlines）：总部位于美国明尼安纳波利斯国际机场、底特律国际机场、纽约肯尼迪国际机场。

（10）澳大利亚快达航空公司（Qantas）：总部位于澳大利亚悉尼金斯福德国际机场，墨尔本国际机场。

二、世界最安全航空公司

马航MH370失联，引起全世界的震惊，航空安全更加成为人们普遍关心的话题之一。

2017年元旦刚过，世界航空公司安全排名有了新变化，世界最权威的航空安全机构“客机坠毁数据评估中心”（JACDEC）发布了“2017 年世界最安全航空公司”排名。根据全球 60 余家主要航空公司 2016 年安全表现排序：前三甲中国占两席，中国香港国泰航空 2016 年再次被列为全球最安全的航空公司，之后是新西兰航空、海南航空和卡塔尔航空。

该机构每年更新一次飞机安全指数，是对全球 60 家大型航空公司进行数据收集，并对航空公司过去 30 年的飞行记录做出研究判断，最终做出分析。JACDEC 每年发布的排名及报告，也是世界上最权威的航空报告之一，是各航空公司衡量安全指标的重要标准。

排名前三中，中国地区的航空公司占据了两席，分别是中国香港地区的国泰航空，中国大陆地区的海南航空。另外一个位列前三甲的航空公司是新西兰的新西兰航空。

排在前十位的是：

（一）国泰航空，中国香港

国泰航空成立于 1946 年。长久以来，该航空公司一直拥有着良好的声誉。在 2003 年、2005 年、2009 年和 2014 年期间，四度赢得 Sky Trax 的年度最佳航空公司大奖，并且在 2016 年的世界最安全航空公司排名中也夺得冠军。

国泰航空保持着完美的飞行记录。2015 年国泰航空的客运总量高达 3 406.5 万人次。

（二）新西兰航空，新西兰

新西兰航空是新西兰的国家航空公司，成立于 1940 年，目前拥有约 105 架飞机，平均机龄约 7 年，航线覆盖约 50 个国家及地区。在由世界航空评级组织公布的最新排名中，新西兰航空连续 4 次被评选为世界最好的航空公司。

（三）海南航空，中国

海南航空是所有航空公司中最年轻的航空公司之一，公司成立于 1993 年，但是却以惊人的发展速度和活力向世界展示着中国航空水平。海航还连续 4 次蝉联 Sky Trax 五星航空公司的称号，亦是中国大陆首家能跻身 Sky Trax 的航空公司。此外，海南航空亦曾于 2013 年获得 2013 年 WTA 世界最佳经济舱大奖。

（四）卡塔尔航空，卡塔尔

卡塔尔航空公司成立于 1993 年，是全世界 7 家 Sky Trax 五星级航空公司之一，也是全球安全系数较高的航空公司之一。该航空公司优惠俱乐部的飞行常客计划有着全世界最高的获奖率。

（五）荷兰皇家航空，荷兰

荷兰皇家航空的载客飞行时间至今差不多接近 100 年，是历史最悠久的航空公司之一。荷航的航线网络已遍布全世界，航线网络覆盖六大洲 90 个国家的 500 座城市。

（六）长荣航空，中国台湾

长荣航空公司自 1989 年成立至今没有发生过任何致命的飞行事故。该公司也因此连续十年被德国知名航空杂志 *AERO International* 评选为十大最安全航空公司。

（七）阿联酋航空，阿联酋

营运有 31 年的阿联酋航空，到目前为止仅发生过 2 起事故，但未伤及乘客生命。阿联酋航空拥有 200 架以上的飞机，飞往全球超过 60 个国家。阿联酋航空已经连续十年获得业界权威的 Sky Trax 评选的世界航空奖。

（八）阿提哈德航空，阿联酋

成立于 2003 年的阿提哈德航空，已成为商业航空历史上发展最快的航空公司之一。在 2010 年时其周载客量就几乎与阿联酋航空公司相当。其航班至今没有造成过任何生命损失。

（九）澳洲航空，澳大利亚

澳航“始终秉承高度的安全保障和极致的飞行操作”，迄今为止没有发生过一起导致人员伤亡的事故。

（十）日本航空，日本

日本航空获颁全球主要航空公司（Major International Airlines）“世界第一”准点率的荣耀。该公司在日本国内线与国际线的航班准点率为“89.44%”，为全球主要航空公司第一名。

三、全球 2017 年最佳航空公司排名

Sky Trax 的主要业务是通过国际旅行的问卷调查为航空公司服务。一直以来因为每年一度的全球最佳航空公司评选与全球最佳机场评选而闻名。

2017 年的获奖结果是由来自 105 个国家（地区）上千万位游客的投票得出的。

（一）卡塔尔航空

卡塔尔航空（如图 3－24）是 2017 年全球最佳航空排名第一名。2016 年排在第二位。卡塔尔航空获得了最佳商务舱、最佳商务舱休息室、中东最佳航空公司三大荣誉。卡塔尔的航线遍布全球 150 多个目的地，涵盖欧洲、中东、非洲、亚太、北美和南美

地区的航线。

图3－24 卡塔尔航空

（二）新加坡航空

新加坡航空是全世界8家五星航空之一，无论服务还是安全性都是无可挑剔的。新加坡航空曾获得亚洲最佳航空、最佳商务舱座椅两项大奖。耗资1.5亿美元打造的座椅、沿用几十年的独特制服、世界名厨空中相约等极有影响力，运营基地是连续多年蝉联全球最佳机场的新加坡樟宜机场（见图3－25）。

新航是全球唯一一家在飞机上拥有“双人床”的航空公司。

图3－25 新加坡航空

（三）全日空航空

全日空（如图 3 - 26）是世界 8 家五星航空之一，已经是第四年蝉联五星航空了。

Sky Trax 的评审员对其登机流程高度赞扬，机舱清洁、服务、安全都接近满分。在 2016 年，将全球最佳机场服务和最佳航空公司员工授予该公司。

图 3 - 26　全日空航空

（四）阿联酋航空

阿联酋航空（如图 3 - 27）曾经拿过三次第一名。

阿联酋航空的机上娱乐系统 ice 已经连续 12 年蝉联全球最佳机上娱乐系统，它提供了 2 100 多个频道、超过 500 部影片。在 2015 年交付的新客机中提供了更大的个人高清电视屏幕。其中头等舱的屏幕尺寸达到了 27 英寸。

图 3 - 27　阿联酋航空

（五）国泰航空

2015 年第三名，2017 年中国香港地区的国泰航空排名第五名。

国泰航空（如图 3－28）曾荣获全球最佳机舱清洁奖和最佳头等舱休息室。该航空公司的服务主要以细心体贴为主，特别是经济舱的服务，从座椅到餐食都有很高水准。

图 3－28　国泰航空

（六）长荣航空

长荣航空在全球最佳航空的排名 2016 年为第八名，2017 年为第六名。这家中国台湾省的航空公司 1989 年 3 月成立，2017 年正好成立 26 周年。当年长荣还被 Sky Trax 评为五星级，成为全球第八家五星级航空公司。见图 3－29。

图 3－29　长荣航空公司飞机

长荣航空为星空联盟成员。

长荣航空童心未泯，它们还有虏获了无数少女心的 Hello Kitty 主题客机。不只是涂装，连客舱内的装饰甚至登机牌，全部都是 Hello Kitty 的图案。

目前台北—上海/大阪/巴厘岛/新加坡/东京/首尔/福冈/巴黎等航线，都有机会坐到 Hello Kitty 客机。

（七）汉莎航空

德国汉莎航空公司（Lufthansa）曾经在 2014 年获得“全球最佳航空公司”第十名，2015 年掉到第十二名。2017 年终于获得第七名！汉莎同时还获得西欧地区最佳航空、跨大西洋最佳航空的荣誉。如图 3－30。

图 3－30　汉莎航空乘务员

（八）阿提哈德航空

阿提哈德航空（Etihad Airways）2003 年 11 月正式运营，到现在也才 14 年，可以说是商业航空历史上发展最快的航空公司之一。该公司曾获得最佳头等舱、最佳头等舱座椅和最佳头等舱餐饮三个奖项。阿提哈德航空在地面与空中均为乘客提供最高标准的服务和最舒适的享受。乘客可在空中品尝世界级水平的机上餐饮，享受头等舱及商务舱屡获嘉奖的平躺座椅，或经济舱中最宽敞的座位，以及超过 600 个小时的即点即播的机上娱乐节目。见图 3－31。

作为一个年轻而有活力的航空公司，阿提哈德航空对竞技精神充满敬意，已成为多个主要国际体育盛事的赞助商。2008 年，阿提哈德航空宣布赞助法拉利一级方程式车队、GAA 爱尔兰式曲棍球锦标赛，以及于 2009 年举行的一级方程式赛车阿提哈德航空阿布扎比站格兰披治大赛。2009 年，阿提哈德航空重新冠名澳大利亚墨尔本圆顶体育场为“阿提哈德体育场”，并且成为英国曼城足球俱乐部的赞助商。

从阿提哈德的每一架飞机涂装就能看出它的出身。该公司飞机的机身涂装灵感来自阿联酋的传统设计理念、沙漠景观和阿布扎比现代建筑的几何造型。而阿提哈德空

图 3-31 阿提哈德航空公司

姐的制服，全部为100%纯意大利羊毛制作，大约30%的服装以手工制作为主，该公司重视广告宣传，连宣传海报都投入巨大。

2016 年 6 月 5 日，阿提哈德航空公司推出 53 万元一张的世界最贵机票。

(九) 海南航空

海南航空是所有航空公司中最年轻的航空公司之一，公司成立于 1993 年，但是却以惊人的发展速度和活力向世界展示着中国的航空水平。海航连续 4 次蝉联 Sky Trax 五星航空公司的称号，亦是中国首家能跻身 Sky Trax 的航空公司。此外，海南航空亦曾于 2013 年获得 2013 年 WTA 世界最佳经济舱大奖。见图 3-32。

图 3-32 海南航空

作为大陆唯一一家入围的航空公司，海航 2017 年的成绩非常可喜。目前海航已经拥有 1 000 条国内外航线，从欧亚，到北美，澳洲均有航班可以选择。

（十）印度尼西亚—鹰航

印度尼西亚—鹰航空公司（Garuda Indonesia）是世界第一大群岛国家——印度尼西亚的国家航空公司。鹰航航线覆盖40余个国内及36个国际目的地，2016年一度跌出榜单。好在2017年挤进了TOP10最后一名，不仅如此，还获得了“最佳机上乘务组”的美誉。见图3-33。

图3-33　印度尼西亚—鹰航

练习题

1. 请分别介绍本章学习的国内四大航空公司名称、总部、主要业绩。
2. 熟记亚洲航空公司名称、航空公司标志。
3. 写出欧洲、美洲、非洲、大洋洲主要航空公司的所在国家和机场名称。
4. 国际三大航空联盟分别是哪三家？航空联盟带来的益处有哪些？
5. 星空联盟的企业识别标志是什么图样组合而成的？象征创立联盟的哪五个初始航空公司会员？
6. 星空联盟现在总部位于哪个国家？中国哪家航空公司加入了星空联盟？
7. 全球领先的航空联盟星空联盟2017年共有多少成员航空公司？请说出10家航空公司名称。
8. 宣布共同组建“天合联盟”（Sky Team），又译“空中联队”的是哪些航空公司？中国哪家航空公司是“天合联盟”成员？其联盟有哪些实惠？
9. 全球十大著名航空公司和排行前十名最安全航空公司各是哪些航空公司？
10. 请说出2017年全球最佳排名前十位的航空公司。

第四章　中国民航发展史

教学目标

1. 了解中华民族在航空思想和航空实践方面曾处于世界领先地位。
2. 掌握中国近代航空与民用航空起始阶段的重大事件与代表人物。
3. 掌握联合航空公司发展曲折的原因及过程。
4. 掌握驼峰航线的历史背景和成因及对中国民航发展的重大意义。
5. 了解“复员运输”如何推动了中国民航事业的发展。
6. 掌握中国在国际民航组织的地位。
7. 掌握两航起义的背景和意义。

中国是世界文明古国，中国古代发明和创造的风筝、火箭、孔明灯、竹蜻蜓等飞行器械，被认为是现代飞行器的雏形，对航空的产生起了重要作用。

第一节　中国民航的萌芽与初步发展

一、先人的梦想与实践

在中国，关于飞行可查的记录可追溯到公元前。据《墨子·鲁问》记载，春秋时期的著名工匠公输班已能“削竹木以为鹊，成而飞之”；而《后汉书·张衡传》中说，东汉著名的科学家张衡也曾制造出了能够飞翔的木鸟。

两千多年以前，世界上最早的实用飞行器——风筝在中国诞生了。唐赵昕著《息灯鹞文》中记载，楚汉争霸时，韩信在垓下之战中便曾使用过风筝，南北朝时风筝已正式用于军事联络。

另外，在我国的许多文献、发明中可找出许多近现代飞行器的影子。例如东晋的葛洪在《抱朴子·内篇·杂应》中提出了鸟类翱翔是由于上升气流托举的见解，这是对鸟类飞行原理的重要发现，包含了滑翔机的最初理论。

五代时的松脂灯，又名“孔明灯”，众所周知是利用热气升上天空，其实便是一种原始的热气球；西方学者称为“中国陀螺”的竹蜻蜓则被普遍视为现代旋翼机的雏形。

说起火箭，中国人更是为之自豪。火箭这个名称最早出现在三国时期。据古籍

图 4－1　孔明灯

《魏略辑本》记载："诸葛亮进兵攻都昭，起云梯，衔车以临城，昭以火箭逆射其云梯。"这是"火箭"一词第一次文字记载。公元 581 年隋炀帝时，人们用火箭制作"刺花"，这是世界上最早的火箭玩具，一直流传至今。"神火箭屏"始于宋代，一尺见方的铁屏里装满了 100 多支古代火箭，箭杆的顶端装有箭头，起杀伤作用；尾端装有箭羽，起稳定飞行作用。这种古代火箭的工作原理和基本结构，与现代火箭十分相似。另外，中国早在五代时期（公元 907—960 年）就使用过原始的热气球——孔明灯（见图 4－1）。

1855 年，上海墨海书店刻印了《博物新编》（如图 4－2），其中介绍了氢气球和巨伞图。《天上行舟》画的是航空设想。在中国最早介绍飞机的文章是 1901 年石印的《皇朝经济文编》中的《飞机考》。1903 年以后开始出现翻译和编著的航空科学幻想小说。

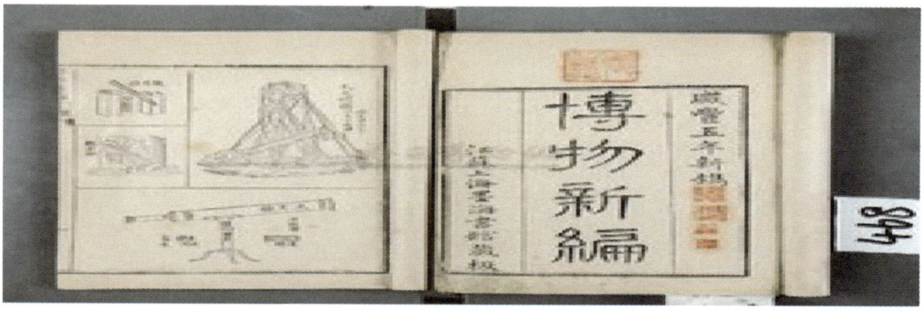

图 4－2　《博物新编》

光绪十三年（1887），天津武备学堂数学教习华蘅芳制成直径 5 尺（约 1.7 米）的气球，灌入自制的氢气成功飞起。这是中国人自制的第一个氢气球。

澳洲华侨谢缵泰于 1899 年完成"中国"号飞艇的设计。"中国"号飞艇用铝制艇身，靠电动机带动螺旋桨推进。谢缵泰没有得到清朝政府的支持，他不得已把"中国"号构造说明书寄给英国飞艇研究家，获得很高评价。中国还发明了磁罗盘、陀螺、平衡环，均对航空的发展有重要意义。

但是，有三大原因阻止了中国航空技术的进一步发展：

第一，当时的封建统治者只重视农业而不重视科学技术的发展，把技术视为"奇技淫巧"。

第二，明清两朝统治者不断强化禁海政策，使中国的闭关锁国政策执行达数百年，而此时正是西方资本主义国家产业革命迅猛发展之时，导致中国与西方文明之间的交流阻碍，拉大了差距。

第三，外国列强的侵略及国内政局动乱，导致中国长期处于战争状态，极大地影响和阻碍了中国科学技术和社会经济的发展。

尽管如此，中国的航空先驱们仍然创造了辉煌的业绩，虽然它们没能得到进一步发展，但却给后世航空器的研究以重大的影响和启迪。风筝是世界上第一种重于空气的飞行器、松脂灯（孔明灯）是最早的热气球雏形，竹蜻蜓利用空气的反作用力而托升重物，对螺旋桨和直升机发明有直接的借鉴意义。

在世界最大的航空博物馆——美国的华盛顿航空博物馆里，有一幅醒目的大字写着：人类最早的飞行器是中国的风筝和火箭。

资料链接

"神火飞鸦"

万户生于明朝初年，原本是个富家子弟，为了让自己的天赋产生最大的价值，毅然放弃科考，参军入伍走上了保家卫国的第一线。

这段时间，他用自己的双手改造了一系列武器，刀、枪、箭、炮无所不包。当时明朝政府和逃到北方的蒙古势力常有大规模交火，他的这些发明让明军屡获战功。

大将班背也是个兵器爱好者，十分欣赏万户。他的兴趣重点是在火箭技术的改良上，梦想能制造出一飞冲天的"飞鸟"。遇难前，他让随从把自己毕生的研究成果——《火箭书》带了出去，交到万户手上，希望他完成自己的飞天梦想。

握着《火箭书》，万户立誓要造出"飞鸟"。

经多年的研究，万户逐渐从军中广泛使用的火箭中得到了灵感，设计出一种前所未有的"飞龙"火箭，射程可以达到 1 000 米。理想终于完成，该是实现梦想的时候了。

他在椅子后面捆绑了 47 支"飞龙"火箭，借助火箭向前推进的力量，太空似乎不再遥远。难能可贵的是，他还想到了着陆问题，手里准备了两个大风筝，希望可以平稳地降落。这几乎是当时所能用到、所能想到的最先进的优势组合了。

起飞那天，万户坐在飞天椅上（见图4-3），平静地吩咐仆人举起火把。班背的梦想，他的梦想，无数古人的梦想，那一刻在他的口中化作两个坚定的字——点火！随着一阵阵轰响声，火箭喷出一股股火焰，"飞龙"火箭把万户推向半空。正当地面观看的人群欢呼的时候，第二排火箭自行点燃了，一声巨响，万户连同"飞天椅"一起坠落在万家山……

万户就这样走了，他牺牲在了自己梦想的征途中。为了纪念这位伟大的人类航天先行者，20 世纪 70 年代的一次国际天文联合会上，众人将月球上一座环形山命名为"万户"，将他的名字永远写在了他梦想触及的地方。

图 4－3　万户，人类第一个“飞天”人

图 4－4　万户飞天战车

二、航空业的起步

（一）国门打开

1840 年鸦片战争之后，西方的科技知识涌入闭关自守的千年古国，现代航空知识也随之传入，一些有识之士开始摸索中国自己的飞天道路。

1887 年，天津武备学堂数学教习华蘅芳自行设计制造出中国第一个氢气球。1910 年，留日归来的李宝焌、刘佐成在北京南苑建立了飞机制造厂棚，并于次年 4 月造出了一架飞机，在试飞时因发动机故障而坠毁。

在众多先行者的不懈努力下，旧中国陆续成立了一些飞机修理厂、飞机制造厂，开始仿制国外飞机，但许多重要部件则完全依赖于进口国外成品，当时中国使用的绝大部分飞机都是从国外购买的。在连年战乱中，这些星星点点的航空工业也几乎毁于战火，荡然无存。

（二）中国航空事业的建立

中国航空事业的建立是从筹建空军开始的。

（1）1910 年，清政府在北京南苑制成一架飞机。由此开始了中国的航空事业。与此同时，南苑正式建立了机场、飞机修理库和简易跑道，从此，北京南苑机场成为中国历史上的第一座机场。

（2）1918 年 2 月，中国第一个正规的飞机制造工厂——海军飞机工程处成立，以制造水上飞机著名。1918 年成功制造出中国第一架水上飞机——甲型 1 号，供飞行教练使用。

（3）1934 年 2 月，中美合办杭州中央飞机制造厂。

（4）1935 年 1 月，中国与意大利 4 家航空公司合办南昌中央飞机制造厂，制造意式飞机。

（5）广州飞机修理厂是中国早期制造飞机的工厂之一。

（6）1942 年 4 月在成都建立第三家飞机制造厂。

（三）航空教育

1. 中国自办的航空工程教育

（1）海军飞潜学校：中国最早训练大学程度航空工程人才的学校。

（2）南京中央大学创设航空工程系：1935 年设立。初时只设航空机械特别班，招收各大学工科毕业生，学习航空课程一年半，实习 2 月后毕业，共办了 3 期，先后毕业学生 33 人。

（3）北平清华大学成立航空研究所：由顾毓琇和庄前鼎分任正副所长。1939 年，研究所迁到昆明。清华大学研究所在昆明设计和建造五尺小风洞，进行空气动力学、高空气象、结构和材料、直升机和滑翔机设计制造等项研究。所写论著和研究报告共 108 篇，其中 4 篇曾在国外杂志发表。

（4）1939 年 7 月 7 日，在成都成立航空委员会航空研究所，下设器材、飞机和空气动力 3 个组，1941 年 8 月扩大并改名为航空研究院，分器材和理工 2 个系并附设飞机试造场和机工场。1934 年，航空委员会从意大利购买航空风洞，交南京中央大学航空工程系使用。

2. 创办航空学校

（1）南苑航空学校是中国第一所航空学校，1913 年中华民国北京政府创办，学校先后训练出 4 期飞行学员，共 159 人。

（2）1922 年 9 月，奉系军阀张作霖在沈阳东塔机场成立东三省航空学校，前后训练飞行员百余人，拥有各式飞机约 300 架，还培养了一批机械维修人员。

（3）1923 年 4 月，滇系军阀唐继尧控制下的昆明航空学校在昆明巫家坝机场开学。

（4）1924 年 4 月，直系军阀吴佩孚控制的保定航空学校成立。

（5）1924 年 7 月，孙中山领导的大元帅府在广州创办了广东航空学校。广东航空学校从建校到 1936 年共招收 7 期正式飞行生，毕业生总计 400 余人。

（6）1926 年 10 月，晋系军阀阎锡山在太原创办山西陆军航空学校。

（四）民用航空行政机构的初步建立

西方国家飞机技术的不断发展和用于民用客货的实践，促使中国政府交通部官员产生发展民用航空的设想。

1919 年 3 月，交通部“筹办航空事宜处”正式成立，这是中国第一个管理民用航空的政府机构。几乎同时交通部代表与英国汉德利·佩季公司驻中国代表签订合同，购买汉德利·佩季商用飞机 6 架；爱弗罗 504K 教练机 6 架等，这是中国首次定购民用客机。

同年 11 月，隶属于北京政府国务院但实权控制于陆军部的航空事务处成立。并与英国维克斯公司签订合同，共购买大小型飞机 100 架，其中双发（动机）维梅型轰炸机改装的客机 40 架，单发（动机）的阿佛罗 -504K 型教练机 60 架。这是中国政府首次向国外借贷大宗款项购买大批飞机。

1920 年年初，交通部筹办航空事宜处曾拟订全国五大航空线（北京—广州；北京—上海；北京—乌兰巴托；北京—成都；北京—哈尔滨）计划，各航线间设立航站、预备站、保安站。

1920 年 4 月 24 日，由英国飞行员驾驶汉德利·佩季型客机试航北京—天津航段成功，开通了我国第一条国内航线，中国民航由此拉开了序幕。

1920 年 8 月，北京政府决定，以航空事务处取代筹办航空事宜处，并扩编为航空署，隶属军政部。

（五）航空活动的开展

（1）谭根成功制造水上飞机。谭根 1889 年出生于美国旧金山，1911 年前后，谭根在华侨资助下自行设计并制造出一架船身式水上飞机参加万国飞机制造比赛大会并获水上飞机组第一名。他曾贺机飞越菲律宾境内海拔 2 416 米的马荼火山，创造了当时水上飞机飞行高度世界纪录。谭根是中国水上飞机设计制造的第一人。

（2）第一篇航空论文发表。李宝焌被公认是中国航空学术界的先导人物。他在 1910 年出版的《东方杂志》第十二期上发表的《研究飞行机报告》，是中国第一篇航空论文。文章中他重视各种问题的研究，如风气之力（空气动力）、活机（发动机）、向后焚烧而推前（喷气推进）、螺丝车拨（螺旋桨）等。特别是他对喷气推进理论的预见很有见地。遗憾的是，李宝焌1921年病逝于南京，年仅26岁。

（3）中国制成第一架飞机和第一架武装飞机。潘世忠（上海青浦人）1913年设计、制造并驾驶的飞机在北京南苑试飞成功。该飞机机身标有“1”号标记，是中国本土自制飞机成功飞行最早的记录。1914年，潘世忠又设计、制造了一架80匹马力推进式飞机，并在机头装备一挺机枪，是中国最早自制的武装飞机。

（4）1911年4月，秦国镛从法国学习飞行回国，并带回一架单座教练机，他在北京南苑机场表演飞行成功。秦国镛是南苑航空学校的首任校长。

（5）1920年第一条国内航线天津—北京开通。

（6）1936年开通了第一条国际航线：广州—河内。

第二节　航空领袖人物

（一）“中国始创飞行大家”冯如

冯如，原名冯九如。1884年1月12日出生于广东省恩平县一个贫苦农民的家庭。年仅12岁的冯如，随亲戚远渡重洋，去美国三藩市谋生。通过学习英语和科技知识以及目睹日新月异的先进机器，他认识到：国家富强，必有赖于机器，于是更加发愤学习，专攻机器制造。

图4－5　冯如

1903年，冯如决心依靠自己的力量制造飞机。

1905年，日俄战争爆发，在我国东三省厮杀，进一步激发了冯如的爱国热忱，而且也使他更加明确了奋斗方向。

1906年，冯如在纽约学习机器制造之后，重返三藩市，开始招徒制造机器，同时开始收集有关设计、制造和驾驶飞机的资料。

1909年9月，即世界第一架飞机问世不到6年的时间，他完成了中国人自己设计、自己制造的第一架飞机，从而跻身于早期世界航空之林。经测定，冯如的飞机首飞竟达804米，比莱特兄弟的首飞纪录还要远544米。

几天后，旧金山的一家报纸发文报道了这次试飞的消息，标题是："中国人的航空技术超过西方"。冯如的成就，极大地鼓舞了正在遭受西方列强奴役的中国人民。孙中山先生看到冯如的成功表演时，感叹道："中国大有人才呀！"

1910 年冯如在美国又设计和制造了一种性能更好的飞机。这架飞机机翼长约 9 米，翼宽约 1.4 米，内燃机 30 马力，螺旋桨每分钟转动 1 200 转。当年 10 月，旧金山举办国际飞行比赛，冯如驾驶着他新设计的飞机参赛，以 210 多米的飞行高度和 104 公里的时速分别打破了 1909 年在法国举办的第一届国际飞行比赛的世界纪录，荣获优等奖，再一次使中国人的航空技术超过了西方。见图 4－6。

图 4－6　冯如 1 号

1911 年 1 月 18 日早上，冯如驾驶着"冯如 2 号"飞机，在三藩市海湾的艾劳赫斯特广场公开试飞。飞机在地面滑行了约 30.5 米，随即凌空而上，升至约 12 米高，环绕广场飞行了约 1 600 米后，向三藩市海湾飞去，然后返回，飞越奥克兰郊区的田野，徐徐降落在起飞的广场上。飞行历时 4 分钟。这是一次完全成功的飞行，冯如的助手们一齐拥上去向他祝贺。中西报纸再一次争先恐后地报道。美国《三藩市星期日呼声报》竟用整版通栏大标题刊出"他为中国龙插上了翅膀"，并以巨龙、冯如飞机和冯如像作为套题照片，详细介绍了冯如其人其事。

1911 年 10 月 10 日，震撼世界的武昌起义爆发，全国沸腾。11 月 9 日，广州光复，广东革命政府成立，冯如毅然率助手参加革命，并被任命为广东革命政府飞机长，成为中国第一个飞机长。他立即在广州燕塘建立广东飞行器公司。

1912 年 3 月，制成一架与"冯如 2 号"相似的飞机，这也是中国国内制成的第一架飞机，揭开了中国航空工业史的第一页。因此，冯如也是我国近代航空事业的创始人和开拓者。见图 4－7。

1912 年 8 月 5 日，冯如在广州燕塘公开进行飞行表演。冯如驾驶自制飞机凌空而上，当时飞机运转正常，操纵自如，鼓掌之声不绝于耳。飞机的空中技巧表演结束后，冯如准备着陆。突然，他望见远远的跑道上有两个儿童在戏闹，不幸的事件即将发生。就在这千钧一发的紧急时刻，冯如猛拉操纵杆，脚踩加速器，飞机像一只发疯的雄鹰，猛然冲上天空，一场突如其来的灾难发生了，由于冯如用力过猛，

图 4 –7　冯如纪念馆

飞机失去了平衡，在抖动中，部分零件损坏，飞机突然坠落在草地上，冯如不幸遇难。图 4 – 8 为冯如纪念碑。

图 4 –8　冯如纪念碑

（二）中国近代航空事业的奠基人孙中山

1910 年 3 月，孙中山在美国檀香山成立同盟会分会。他倡导华侨筹建飞机公司，造飞艇、造飞机，并在写给同盟会的信中说：“飞艇练习一事，为吾党人才之不可缺。

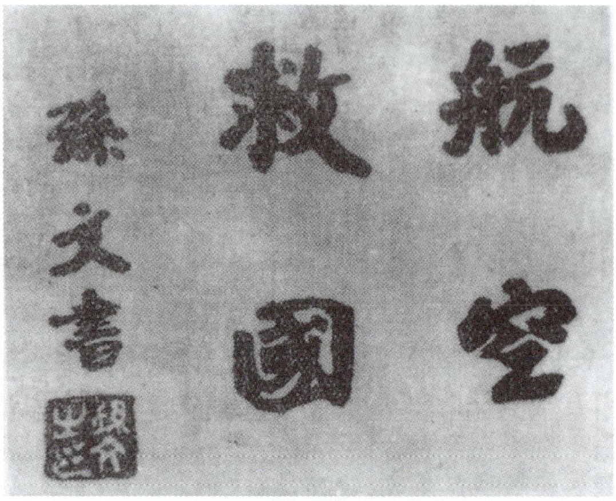

图 4－9

其为用自有不可予计之处。”鼓励华侨青年学习飞行技术。

1911 年 9 月 14 日，辛亥革命的前夜，孙中山先生致旅美的革命党人，提出飞机和建空军对革命事业的重要性。在讨伐战争中，孙中山先生对发展航空事业的认识进一步深化。

1912 年他致函廖仲恺，以及他撰写的国防计划 62 个要目中，有 9 项涉及航空。包括机场（航空港）建设、飞机制造、航空人才培养与训练、空军建设与攻守演习及列强远东远征空军与我国国防等。他称这一国防计划为“救国计划”，这一计划使他对发展中国航空，建设革命空军，实现“航空救国”（见图 4－9）的思想更加理论化和具体化。

1916 年 3 月，孙中山先生又催促华侨团体“竭力筹捐，多购飞机”，并指出：“此时购置飞机，组织飞机队参战，至为重要。”

1923 年 7 月，孙中山和夫人宋庆龄参加了在广州大沙头机场举行的飞机试飞仪式。孙中山先生对国人能自制飞机极为欣慰，特题写了“志在冲天”和“天下为公”两个条幅。见图 4－10。

他是中国最早认识航空的伟人，不愧为中国近代航空事业的奠基人。

图 4－10　孙中山和宋庆龄在“乐士文”号前留影

第三节　航空公司的成立

一、中国航空公司

（一）第一次成立

1928 年，美国航空开拓公司成立（美国寇蒂斯·莱特公司为开拓中国航空运输市场而成立的子公司），1929 年 4 月，孙科（国民政府铁道部长）任筹建中的中国航空公司董事长，与美国航空开拓公司签订《航空运输及航空邮务合同》。1929 年 4 月 15 日，国民政府特设中国航空公司机构，管理民用航空事务，并委派铁道部部长孙科兼任该公司董事长。《航空运输及航空邮务合同》规定：①美方向中国政府提供资金，成立中美合营的航空公司，资本美方股份占 60%，中方股份占 40%；②拥有中国全部邮件及旅客运输的垄断权，准备开辟的航空邮务航线：上海—南京—汉口、南京—徐州—济南—天津—北平、汉口—长沙—广州。

1929 年 5 月 1 日，中国航空公司宣布正式成立。5 个月后，开辟上海——汉口航线；公司启用美籍飞行员，机型选用洛宁型水陆两用飞机，航线黄浦江水上起飞—南京—汉口（另一架飞机与之对飞），携带报纸和邮件。开航一星期后，由于美国航空开拓公司将美方权益转让给中国飞运公司（美商经营），导致一个外国航空公司可以独自承揽运送邮件，不受中国空中交通管制，这些都严重侵犯了中国领空和主权。交通部部长王伯群早对铁道部部长孙科插手办航空心存不满，强烈借机谴责该合同“丧权辱国，有碍中国领空主权”，引起中国各界人士特别是航空界和邮务部门人士的极大愤慨，上海邮政工会于 1930 年元旦组织示威大罢工，各地邮政工人纷纷响应，孙科被迫辞去中国航空公司董事长职务，几个月交涉后，国民政府废除《航空运输及航空邮务合同》。“老中航”仅营运了 9 个月，载客 221 人次，邮件 3 560 公斤。

（二）再次成立

1930 年 8 月 1 日中国航空公司再次成立。由国民政府交通部与美商中国飞运公司订约合营，总资本为国币 1 000 万元，中方股份占 55%，美方占 45%。同时撤销沪蓉航线管理处，其业务并入中航，归交通部管辖。飞行基地设在上海龙华机场，中航以运载邮件为主。机型：洛宁型和史汀生型小型飞机 11 架，飞行员：7 名正驾驶（6 名美国人），航线（1930 年 8 月至 1931 年 10 月）为：

沪蓉线：上海—南京—九江—汉口—宜昌—万县—重庆—成都；

沪平线：南京—徐州—济南—天津—北平，后改为上海—南京—徐州—青岛—天津—北平；

沪粤线：上海—温州—福州—厦门—汕头—广州。

1936 年经中美英三国多次谈判，延伸到香港，中国同英美间联运航程分别缩短为 10 天和 8 天。补充了一些中国籍飞行员，但机航组主任由美方派任——美国人实质上操纵机务航行管理权和航线经营权。

1933 年 4 月，飞运公司将股权转让美国泛美航空公司。1945 年 7 月，中、美双方合约期满，12 月续签新约 5 年，中方股份增至 80%，美方减为 20%。公司最高权力机构为董事会。1947 年 5 月起，刘敬宜任第 11 任总经理。中航在其成立、存在的 20 年间，始终得到国民政府的支持和所给予它的优惠条件。在技术设施和业务经营方面都领先于其他航空公司。

二、中央航空公司

中央航空公司前身为欧亚航空股份有限公司，1931 年 2 月正式成立。由国民政府交通部与德国汉莎航空股份有限公司合办，总资本为国币 300 万元，分 3 000 股，中方认购 2 000 股，德方 1 000 股。1933 年 8 月资本增加到 510 万元，中方持 3 400 股，德方持 1 700 股。

第二次世界大战爆发后，1941 年 7 月，中德两国中断外交关系，同年 8 月，国民政府交通部接管了“欧亚”的德方股份，并改为国营。1943 年 2 月，国民政府交通部与航空委员会合作改组“欧亚”为中央航空公司。同年 3 月，中央航空公司正式成立，陈卓林为总经理。

三、西南航空公司

1936 年 6 月，西南航空公司（广东、广西、云南、贵州和福建等地地方政府协商建立）成立，拥有 3 架飞机，航线：广州—龙州、广州—钦廉、广州—福州、梧州—贵县、广州—南宁、南宁—昆明。南京国民政府被迫认可公司经营活动，并与两广邮局签订了临时邮运合同。

第四节　驼峰航线

一、背景

抗日战争的爆发，终止了中国民航在全国范围内的发展，但是民航却成了中国和当时支持中国抗日战争国家之间的主要联系通道。

侵华日军向来把切断中国的国际交通线当作战略重点之一。太平洋战争爆发前，中国的整个东部、南部沿海和桂越、滇越国际交通线已处于日军控制之下。日军发动太平洋战争，一路指向珍珠港，一路指向东南亚。进攻东南亚的日军由泰国北上，于

1942 年 5 月攻陷缅甸以及中国云南怒江以西地区，切断了中国最后一条国际交通线——滇缅路。

1942 年 6 月 2 日，中美两国代表在华盛顿签署了《中美抵抗侵略互助协定》（亦称《中美租借主体协定》）。这一协定的签订，使中国正式成为美国租借物资的受援国，同时也标志着美国成为抗战后期援华的最主要国家。

最初，美国的援华物资主要是通过设在美国的“中国国防物资供应公司”（China Defence Supply Co.）和国民政府设立的“西南运输总处”所辖的“滇缅公路”来营运的。但是随着日军攻陷缅甸，“滇缅公路”被切断，美国援华物资的营运受到阻隔，开辟经印度到中国的空中国际运输线就成了唯一的选择。美国和其他盟国领导人同意进行空中补给工作，由美国陆军航空队负责。1942 年 7 月，美国陆军航空队一个新的航空运输司令部成立，由威廉·腾纳尔（William H. Tunner）上校指挥，组织空运和提供后勤支持。大多数的人员和设备来自美国陆军航空队，还有英国和印度的英联邦部队，缅甸劳工团队和中国国民航空空运科。一条空前的穿越印度、缅甸和中国的空中“驼峰”航线开始形成。

二、航线开启

驼峰航线从印度东北部阿萨姆邦的汀江等地起，至中国昆明，约 800 公里，至重庆约 1 200 公里。

三、飞越驼峰航线的困难

（一）寻找合适的飞机运输货物

“驼峰”是位于喜马拉雅山脉南麓的形似骆驼背脊凹处的一个山口，最初的驼峰空运是由道格拉斯 DC－2，DC－3，C－47，C－53 运输机完成。山口的海拔高度高于这些主要装备机型的最大爬行高度。然而，这些飞机的有效载荷并不适合高负载的高空作业，且不能达到一定高度以飞越山区，这使得飞机不得不通过非常危险的迷宫般的喜马拉雅山隘飞行。

（二）飞行人员的选择

1. 盟军飞行人员

飞越驼峰对于盟军飞行人员而言是近乎自杀式的航程。航线跨越喜马拉雅山脉，穿行于缅甸北部与中国西部之间的崇山峻岭之间，频繁遭遇强紊流、强风、结冰困扰。加之设备老化、缺乏有经验的人员，运输工作十分困难。

2. 中国飞行员

中国飞行员操纵过若干种类的飞机，但并不擅长于依靠仪表飞行，对空运使用的大型美制运输机也不熟悉。

虽然空运指挥部（ATC）内有一些有经验的民航以及军用运输机飞行员，但其他人大都是刚受过飞行训练，飞行时间很短，对在恶劣条件下驾驶多引擎运输机几乎没有经验。但是中国和美国飞行员还是坚持驾驶重载的飞机在往成都、昆明和其他城市的往返航线上日夜飞行。运输机时刻不停地从印度北部的 13 个机场起飞，在约 800 公里外的 6 个中国机场之一降落。有些疲劳不堪的机组成员一天要飞三次往返之多。

（三）机械师与备用零件始终不足

很多超载的飞机在起飞时由于引擎问题或遇到其他机械故障而坠毁。ATC 飞行员、作家江恩 Ernestk Gann 回忆他曾在印度的 Chabua 机场一天内目睹四次坠机事故——两架 C－47，两架 C87，三名飞行人员遇难。由于地区的偏远以及中缅印战区较低的优先级，飞行必需的零件和补给供应十分紧张，飞行人员经常被派往喜马拉雅山麓捡回飞机残骸上的零件以维修编队内剩余的飞机。

（四）遭到日军战斗机的袭击

除了糟糕的天气和机械故障，手无寸铁的运输机在驼峰航线上偶尔还会遭到日军战斗机在干旱（冬）季的袭击。有一次，当驾驶 C－46 执行任务时，Wallya Gayda 上尉遭遇日军飞机，在失望中反击中岛战斗机，通过勃朗宁自动步枪向战斗机乘员组舱窗射击，最终杀死日本飞行员。

（五）气候条件

航线经常是恶劣的坏天气，在雨季经常下雨，空中能见度几乎是零。在汀江附近的“乞拉朋齐”是世界上降雨量最多的地方（年降雨量达到 26 461 毫米）。雨季过后是长达几个月的雷雨季节，有多变的上升、下降气流和强劲的季节风。再后就是严重的结冰期，经常是整个飞机都被冰层包住，强劲的逆风有时达到每小时 150 公里以上。即使最有经验的飞行员，也不能完全保证飞行安全。

四、伤亡情况

“驼峰航线”是世界战争空运史上持续时间最长、条件最艰苦、付出代价最大的一次悲壮的空运。“驼峰航线”途经高山雪峰、峡谷冰川、热带丛林和寒带原始森林，以及日军占领区；加之这一地区气候十分恶劣，强气流、低气压和冰雹、霜冻，使飞机在飞行中随时面临坠毁和撞山的危险，在长达 3 年的艰苦飞行中，中国航空公司共飞行了 8 万架次，美军先后投入飞机 2 100 架，双方总共参加人数有 84 000 多人，共运送了 85 万吨的战略物资、战斗人员 33 477 人。单是美军一个拥有 629 架运输机的第 10 航空联队，就损失了 563 架飞机。在这条航线上，美军共损失飞机 1 500 架以上，牺牲优秀飞行员近 3 000 人，损失率超过 80%。而前前后后总共拥有 100 架运输机的中国航空公司，竟然先后损失飞机 48 架，牺牲飞行员 168 人，损失率超过 50%。

1945 年，战争结束后，美国《时代周刊》这样描述驼峰航线：在长达 800 余公里的深山峡谷、雪峰冰川间，一路上都散落着这些飞机碎片，在天气晴好的日子里，这些铝片会在阳光照射下烁烁发光，这就是著名的“铝谷”——驼峰航线！

驼峰航线是当时世界上规模最大，时间最长的空中战略桥梁，是第二次世界大战中最为危险的空中航线。到战争结束时，85 万吨物资经由驼峰航线抵达中国（见图 4－11）。

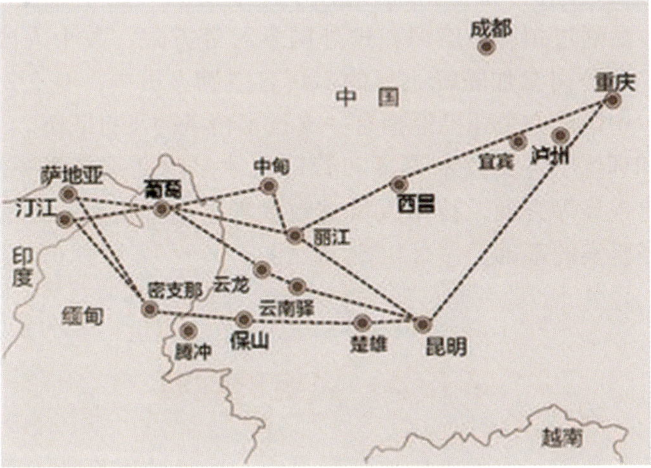

图 4－11　驼峰航线示意图

五、历史意义

驼峰航线的开辟是世界航空史上的英雄壮举。飞越驼峰天险，打破了日军对中国的围困，运来了对日作战急需的战略物资，架设了空中生命线，对打败日本做出了不可磨灭的贡献。驼峰航线也架起了中美人民之间一架友谊的桥梁。见图 4－12。

图 4－12

六、驼峰航线对中国民航的影响

第一，飞机数量增加，飞机性能提高。1942 年初，中国航空公司仅剩 3 架飞机，但通过承担驼峰飞行任务，飞机得到了不断补充，至 1945 年 8 月日本投降时，已拥有 DC－3 型、C－53 型、C－47 型和 C－46 型飞机近 50 架。

第二，飞行队伍迅速扩大。抗战初期，中国航空公司的中国籍正机师只有 4 名，其余为美籍人员。后通过招聘、培训和送外国学习等方式，数十人成为正机师，更多的人成为副机师，在公司参加驼峰飞行的 200 名空勤人员中，有 2/3 的中国籍飞行人员，到抗战结束，中国航空公司已经拥有一支技术精湛的飞行队伍。

第三，培养和训练了各类技术人员和管理人才，特别是在机务维修、通信导航、航空气象和无线电报务等方面，技术人员的数量和素质都得到了迅速改善，为公司以后发展奠定了相当坚实的基础。

第五节　民航的崛起

中国抗日战争胜利后，为争抢抗战胜利果实，国民政府军政人员需要尽快且大量地前往华东、华北、东北地区接受日军投降并接管权力。因受战争严重破坏，国内陆上、水上交通一时难以恢复，国民政府主要依赖航空运输。

一、复员运输

（一）“两航”开展“复员运输”

抗日战争胜利后，中国航空公司迅速将其总部从重庆迁到上海，将基地从印度的加尔各答迁到上海。1945 年 9 月开始，奉国民政府命向南京、北平及东南沿海各大城市运送国民政府公务人员和受降人员。

航线：至 1945 年 12 月开辟 7 条“复员运输”航线：重庆—汉口—南京—上海，上海—南京—济南—北平、重庆—汉口—郑州—北平、上海—福州—厦门—广州—香港、重庆—广州—香港，昆明—河内（上海）—福州—台北。运送国民政府各机关的回南京人员及眷属，计 43 000 多人，运输乘客 132 000 多人次、货物 7 100 吨、邮件 840 多吨。同时还为国民党军队联勤总部运送了大批受降人员、弹药和给养，其中官兵 1 100 多人，物资 1 500 吨。

中央航空公司总部则在 1946 年 2 月由昆明搬至上海龙华机场。1945 年 9 月至 1946 年 4 月，月均运送复员人员不足 100 人。1945 年 11 月借款 40 万美元购买美军在印度“剩余物资”飞机约 170 架，拼装整修成 30 多架参与航线飞行，空运业务繁忙，上海内地物价悬殊——货运所得丰厚，央航在军事物资运输中赚取了大量的军用费用，得以还清借款。复员运输期间共运送旅客 18 290 人，货物 1 720 吨，邮件 980 吨。航线：重庆—汉口—南京—上海、重庆—广州—香港、昆明—广州、上海—南京—济南—北平、广州—汉口。

（二）“两航”增开国内外航线

中国航空公司增辟国内航班同时，快速开辟航线并大量增加航班密度，而且开辟了国外航线。包括：

上海—汉口—昆明—八莫—加尔各答；

上海—厦门—香港—马尼拉；

上海—关岛—威克岛—中途岛—檀香山—旧金山。

至 1947 年年底中国航空公司飞机机型有 DC－4，DC－3，C－47，C－46，共 46 架；航线 34 条；通航城市 38 个；航线里程 41 778 公里；周转量：旅客 173 942 人次；货运 16 114 吨；邮件 2 682 吨。

至 1947 年年底中央航空公司筹措外汇，从美西北航购买 DC－3 飞机 6 架，从美厂家订购 CV－240（空中行宫）6 架；中央航空公司 1947 年经营 16 条定期航线；通航里程：33 500 公里；周转量：旅客 11 600 人次；货物 12 658 吨；邮件 1 492 吨。

（三）“两航”发展的高峰时期

中航总经理刘敬宜在《克服目前艰难有赖全体同仁的努力》的报告中说：“1948 年最初的几个月当中，公司业务曾经一度呈现过繁荣和乐观的气象，客、货运的数额扩充到往年 5 倍以上的程度，财政情况十分安定而健全，足以清付公司历年积欠而有相当存余。”

1948 年中国航空公司依赖于为国民党政府所从事的军事运输在国际民航运输协会排名第 8 位。职工 4 808 人（其中飞行人员 242 人、各类技术人员 1 688 人）；运输飞机 60 架；国内外航线 27 条；通航城市 38 个；通航里程 45 868 公里；周转量：旅客 409 961 人次、货物 33 326 吨、邮件 2 042 吨。

中央航空公司有职工 2 746 人（其中正副驾驶 70 余人）；运输飞机 42 架；国内外航线 18 条；通航城市 27 个；周转量：旅客 236 238 人次、货物 17 390 吨、邮件 1 237吨。

（四）复员运输对两航的影响

（1）运送旅客量、货物、邮件分别比 1946 年增长 3.8 倍、5 倍、12.6%。

（2）“两航”技术和业务有较大发展。

（3）扩建所属航站、飞机修理厂、电台、气象台等，增加了技术装备和服务设施。

（4）提高了安全服务水平。

（5）注重强化中方对公司的领导权，削弱美方的控制；重视增强中方培训业务人员；中美飞行人员同工同酬，削弱美方对飞行员的任用权限。

二、“两航”起义

（一）历史背景

经过抗日战争后期的“驼峰空运”和抗战结束之后的“复员运输”，到1948年，两航的运输业务已有很大发展。这一年年底，两航共拥有飞机近百架，空地勤人员6 780人，成为国民党政权的重要空中交通工具。因此，当时两航的动向对国民党军事运输乃至整个国共双方的战场形势起着至关重要的影响。

随着国民党军事上的大溃败及政治、经济的全面危机，此时的两航，因失去运营基地也陷入困境，航线急剧萎缩。两航迁到香港后，其困难进一步加剧。

（二）策动起义

1949年6月，时任中共中央军委副主席的周恩来根据国内时局的变化做出策动两航起义的决策，中央军委为尽快发动两航起义，决定派遣吕明同志偕留在大陆的央航副总经理查夷平前往香港进行策动工作。

起义工作核心小组在中航对总经理刘敬宜做争取工作的同时，央航成立了迁建委员会（后更名为“非常委员会”），逐步把上、中、下三层力量凝聚一起，成为统一行动的领导组织，有力地推动了起义的思想发动和组织工作。

（三）发动起义

在党的领导下，核心小组通过港九民航工会的配合做工作，形成一支重要的力量。

两航员工在香港加紧准备北飞。10月底，周恩来向聂荣臻、粟裕、李克农、刘亚楼、蒋天然等传达了中共中央书记处的决定，批准两航起义飞机降落地点、起义时间；具体飞行计划、机场选用的安排，刘、陈总经理的接待工作等。

（四）起义时间表

1949年11月9日4时半，中航陆维森、华祝，央航楼阅秉、徐文良等到机场担任现场指挥，他们妥善地避开局外人，使机组和随行人员顺利办完起飞前的各种手续，登上飞机。

6时，12架飞机陆续从香港启德机场起飞。中国航空公司10架，中央航空公司2架。

刘敬宜、陈卓林、吕明、查夷平等人乘央航潘国定驾驶的CV－240型（空中行宫）XT－610号飞机，于当日12时15分到达北京。到北京西郊机场欢迎的有空军司令刘亚楼、外交部副部长李克农、空军参谋长王秉璋、总理办公室副主任罗青长以及任泊生等有关人员。

其他11架飞机，由陈达礼领队，飞抵天津。同日，香港中国航空公司、中央航空公司2 000多名员工通电起义。

11月9日晚，中央人民政府政务院总理周恩来在北京饭店宴请刘敬宜、陈卓林一行。

11月12日，毛泽东主席电贺刘敬宜、陈卓林和两航员工，赞扬其“毅然脱离国民党反动残余，投入人民祖国怀抱，这是一个有重大意义的爱国举动”。

同日，周总理致函两航员工，宣布两公司受中央人民政府管辖，任命刘敬宜、陈卓林分别任两公司总经理。

11月15日，周总理在北京饭店会见并宴请两航起义北飞全体人员，他说：“我们欢迎两公司的起义，因为这是具有无限前途的中国人民民航事业的起点。”他号召“两公司的全体人员努力克服前进途中的困难，坚持自力更生，而不要对帝国主义者存任何幻想”。

起义后，中央人民政府民航局即着手两航留港、澳人员复员事宜。从1950年1月16日起，央航复员广州，中航复员天津、上海。到1950年年底，累计香港两航公司复员广州、上海、天津的员工共1 725人，直系亲属2 474人，总计4 199人。

广大起义员工配合政府展开了捍卫起义成果的护产斗争。留港员工在军委民航局的直接领导下，排除各种阻碍，完成了护产抢运任务，截至1952年年底，共运回器材约15 000箱（件）、汽油3 600桶和其他物资设备等。

（五）起义影响

两航起义是中国共产党直接领导下的爱国壮举，是震惊中外的一件大事。

两航起义对国民党在政治上、军事上是一个重大打击，切断了国民党政权的西南空中运输线，为人民解放军解放大西南创造了条件，加速了解放全中国的进程。

两航起义的成功，轰动了港九各阶层，震撼了国民党反动派，引起国际注视。两航爱国员工首先高举义旗，直接影响了港九的资源委员会、招商局和中国银行等27个国民党在港机构相继起义，起了示范和带头作用，加速了国民党反动派的分崩离析。在政治上、经济上给予国民党政权以有力打击。

两航起义的12架飞机和后来由两航机务人员修复的国民党遗留在大陆的16架（C－46型14架、C－47型2架）飞机构成了新中国民航初期的机群主体。

内运的器材设备，成为新中国民航初期维修飞机所需的主要航空器材来源，并组建了太原飞机修理厂、天津电讯修理厂，尔后成为发展我国航空工业和电讯研制工业的技术、物质基础。

两航起义是一次爱国行动。毛泽东主席称之为“一个有重大意义的爱国举动”。周恩来总理称它是“具有无限前途的中国人民民航事业的起点”。两航起义是中国民航史上的一个转折点，我党领导两航起义的伟大壮举，是广大两航员工在波澜壮阔的革命大潮中，遵循党所指引的方向，发扬爱国主义精神，投向人民祖国怀抱的正义行动，它将永载中国人民解放事业的史册。

练习题

1. 中国民航发展的萌芽时期创立的6所正规的航空学校有哪些?
2. 分析驼峰航线的背景，简述驼峰飞行对中国民航的影响。
3. 简述我国航空之父的爱国情怀。
4. 驼峰航线的意义。
5. 孙中山作为中国近代航空事业的奠基人有哪些表现?
6. 两航起义的意义。
7. 抗战胜利后两大航空公司有哪些发展。
8. 为什么说冯如是“中国始创飞行大家”?
9. 简述中国航空公司的两度成立。
10. 简述中国第一家航空公司的概况。

第五章　新中国民航事业的开创与发展

教学目标

1. 了解新中国民航最早的国内航线正式开通的背景。
2. 熟记中国民航首开的国内航线和国际航线。
3. 清楚民航公司成立对于中国民航发展的影响。
4. 了解飞跃“世界屋脊”面对的困难和通航的重要意义。
5. 掌握“大跃进”对中国民航的影响。
6. 熟记周恩来总理对民航工作的方针性指示的具体内容和意义。
7. 清楚中国民航企业化改革后，全面展开的情况。

中华人民共和国的成立和新中国民航业的初创，开创了中国历史的新纪元，也拉开了新中国民航事业发展的序幕。

第一节　中国民航事业的开创

1949 年 10 月 1 日，中华人民共和国成立，中国人民从此站起来了。新中国民航事业的发展也在这时开始起步。民用航空局的成立、两航起义的成功举行，“八一开航”的胜利举办，让中国民航发生了翻天覆地的变化。

一、八一开航

新中国民航开辟国内航线规划，是根据国家经济恢复工作的需要和党中央批准的“小飞”经营方针拟订的。

在经过开航前的充分准备之后，1950 年 7 月 18 日，军委民航局钟赤兵局长、唐凯副局长，向周恩来副主席、聂荣臻代总参谋长、刘亚楼司令员等请示开航事宜，提出：拟于 8 月 1 日以 3 架飞机复航天津至重庆、天津至广州的直达线与重庆至成都、至昆明、至贵阳、至汉口的班机飞行。具体的配备是：两架飞机以天津为基地飞广州、重庆，一架飞机以重庆为基地飞成都、贵阳、汉口。与此同时，民航天津办事处抓紧筹备并正式成立了机务工作队，为“八一开航”做好准备。

在天津的“两航”起义员工也积极响应，把自备维修工具无偿捐出，以解维修工具奇缺的燃眉之急。

1950 年 7 月 21 日，政务院批准同意民航局“自 8 月 1 日正式开航”的计划。7 月 29 日下午，军委民航局在北京西郊机场举行“北京”号（“两航”起义原“空中行宫”CV－240 型 XT－610 号）飞机命名典礼，军委民航局局长钟赤兵、中央军委代表李涛出席典礼并讲话，副局长唐凯为机身漆有毛泽东题写的“北京”两个大红字的飞机剪彩，民航局总飞行师潘国定代表机组人员讲话。命名仪式结束后，“北京”号飞机即由北京西郊机场调机天津张贵庄机场（见图 5－1、图 5－2、图 5－3）。

图 5－1　“北京”号飞机

图 5－2　民航领导在“北京”号前留影

图 5－3　“八一”开航飞行员合影

1950 年 8 月 1 日，天气晴朗，天津经由汉口飞往重庆的 139 号首航班机，载着 14 名旅客于 8 点 30 分首先从天津张贵庄机场起飞。8 月 1 日上午 10 时 30 分，“北京”号飞机自广州起航，中午经停汉口，下午 6 时 10 分抵津（见图 5－4）。

「北京號」民航機今日展翅

穗舉行盛大開航典禮

葉劍英主席剪彩　各機關首長參加

【本報廣州卅一日電話】新中國民航事業定「八一」正式開航，民航局駐廣州辦事處定一日上午舉行盛大的開航典禮，並柬請各機關團體首長及來賓參加。這一盛典由葉劍英主席剪彩，開航時第一架飛行廣州天津航線的飛機是去年第一架在香港起義飛到北京的空中行宮六一〇號巨型機，這架機已於七月廿九日在北京改名為「北京號」，並舉行了命名典禮。起義的中國、中央兩航空公司經理劉敬宜、陳卓林便是乘此機由港到北京的。這幾天，民航局辦事處及兩航駐穗人員都忙於布置開航典禮的工作，太平南路「民航空運代辦所」開始營業後，前往接洽搭機或運貨的人十分踴躍，充分預示着新中國民航事業必有光輝燦爛的前途。

图 5－4　“八一”开航的报道

1950 年 8 月 1 日，军委民航局开辟了天津—北京—汉口—广州和天津—北京—汉口—重庆两条航线。它标志着新中国成立后，国内民用航空线的首次正式启用，史称“八一开航”。

在这一天，《人民日报》《天津日报》还分别发表了《国内民用航空“八一”正式开航》的新闻报道和《飞行在自由祖国的天空》的署名文章。

“八一开航”为新中国民航事业奠定了初步基础，是一个良好的开端。

尽管当时航线不多，但新中国复航之快引起国内外瞩目。而天津正是这一良好开端的亲历者，也是日后民航事业成长壮大的见证人。

二、航空公司的成立（中苏民航公司、中国人民航空公司）

1949 年 12 月 6 日至 1950 年 3 月 4 日，毛泽东第一次跨出国门，访问苏联。在这次对新中国建设起着重要作用的两国会谈中，新中国民航建设是其中的一个重要议题，在两国政府会谈签约的 7 个合作项目中，其中一项就是两国合资经营民用航空公司。

1950 年 3 月 27 日，中苏两国政府在莫斯科签订了“关于创办中苏民用航空股份公司的协定”，以“协助中国本国航空事业之发展及加强中苏两国间之经济合作”。该协定约定所成立公司以“平权合股”原则组成，双方各占 50% 股份，中方以机场、房屋、仓库、修理厂等作为股金，苏方以飞机、通信设备、交通工具、修理厂及苏方境内机场为股金，并派出飞行员、技术人员和大量苏联专家。这个协定的签订，为中国民航翻开了新的一页（见图 5－5）。

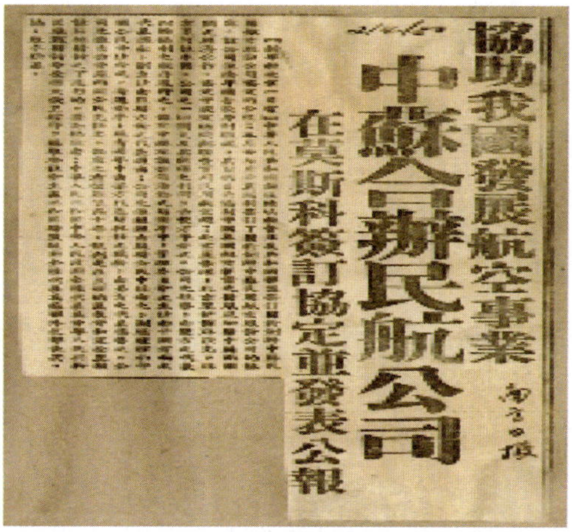
協助我國發展航空事業
中蘇合辦民航公司
在莫斯科簽訂協定並發表公報

图 5－5　关于中苏合办民航公司的报道

1950 年 7 月 1 日，中苏民用航空股份公司正式成立，总经理为苏方的谢德略列维奇，副总经理为中方的沈图。

公司从即日起，开辟北京—赤塔（经沈阳和哈尔滨）、北京—伊尔库茨克（经乌兰巴托）、北京—阿拉木图（经西安、兰州和乌鲁木齐）等三条国际航线，这是新中国民航最先开辟的国际航线。

中苏民用航空股份公司是新中国民航第一个航空公司，公司的飞行员和技术人员大部分来自苏联，同时聘请了大量的苏联专家，这种体制培养出了一大批新中国的民航干部与技术管理人员。同时，中方也派出了大批技术人员、管理人员到苏联学习。可以说，中苏民用航空股份公司的成立，不仅打破了帝国主义对新中国对外空中交通的封锁，便利了中国与世界各国的友好往来，沟通了首都北京与东北、西北地区的航空联系，也为新中国民航初步建立了一套经营管理制度，配备了比较完善的技术设备，培养了导航、空管、维修等各类技术业务人员，对中国民航事业的发展做出了一定贡献（见图 5－6）。

图5－6　中苏民用航空股份公司

1954 年 10 月 12 日，中苏两国政府商定，自 1955 年 1 月 1 日起，中苏民用航空股份公司的苏方股份全部移交给中国。

三、飞跃“世界屋脊”

1951 年 5 月，在西藏和平解放前，因其落后的社会制度和恶劣的自然环境，人民生活十分贫困，交通也极其闭塞。从成都到拉萨的物资运输全靠人扛畜驮，走完全程一般要半年时间。虽然新中国成立后不久就修通了川藏、青藏公路，但是人们乘汽车来往拉萨到成都或兰州，单程仍然需要半个月左右。而且因为连续在空气稀薄的四五千米高的山峰峻岭间行车，旅途非常艰辛，不少人因此患病甚至死亡。

为了便利西藏与内地间的交流联系，中共中央决心不惜代价开通空中航线。

西藏处于被称为世界屋脊的青藏高原之上，也可以说是地球的第三极。数千年来，能够在这里飞翔的只有被藏族人民顶礼膜拜视为神灵的雄鹰。它们骄傲却孤独的盘旋于高耸入云的雪山之巅。所以，青藏高原有“空中禁区”之称。因为在平均海拔 4 000 米以上的高原上，雪峰林立，冰川广布，地势险峻，高寒缺氧，加上风沙、冰雹、高空强风乱流，是世界上飞行难度最大的空域。美英等国政府曾经用重金允诺奖励飞行员飞闯此天险，然而冒险者不是撞山机毁人亡，就是遇上恶劣气象条件而无奈返回。因此，这条航路被国际航空界认为是飞行天堑。

1956 年 5 月 26 日上午 9 时 23 分，第一架从北京飞往拉萨的领队运输机安全降落在拉萨附近的机场，北京至拉萨航线试航成功。以韩琳为机长的飞行员们驾驶试航领队运输机飞遍了昆仑山、巴颜喀拉山、唐古拉山和著名的横断山脉的上空，他们与时速 100 多公里的高空风和汹涌澎湃的恶性垂直气流，以及零下三四十度的严寒冰雹进行了无数次的英勇搏斗，终于突破了“空中禁区”，顺利地在拉萨附近机场着陆。他们受到一万多狂欢的藏族人民的欢迎，藏民们往飞机上挂哈达、撒青稞表示祝福，并向飞行人员献彩花。继领队运输机试航之后，“北京”号旅客机于27日上午10点到达拉萨，开辟了从北京至拉萨的另一条航空线（见图5－7）。

图5－7　第一架飞机抵达拉萨

世界屋脊飞越了，“空中禁区”打开了，此次机组以高超的飞行技术突破了世界飞行难题，实现了高原飞行之梦。它标志着中国民航飞行技术水平有了新的提高。

在经过周密的调查和认真的准备之后，北京—成都—拉萨航线于1965年3月1日正式开航。从此，这条空中通道与首都北京以及内地紧密连接起来，使用的机型也不断更新，为西藏地区的建设和发展做出了卓越的贡献。

知识链接

1. 世界屋脊

青藏高原，中国最大、世界海拔最高的高原。分布在中国境内的部分包括西南的西藏自治区、四川省西部以及云南省部分地区，西北青海省的大部分地区、新疆维吾尔自治区南部以及甘肃省部分地区。青藏高原还包括不丹、尼泊尔、印度、巴基斯坦、阿富汗、塔吉克斯坦、吉尔吉斯斯坦的部分地区，总面积近300万平方千米。中国境内面积257万平方千米，平均海拔4 000米～5 000米，有“世界屋脊”和“第三极”之称。是亚洲许多大河的发源地。

青藏高原，被誉为世界屋脊，一向以其独特的人文和自然景观闻名于世，是科学探险、考察和生态旅游的胜地。而位于青藏高原地区形形色色的自然保护区，又是世界屋脊上生态环境最奇特、生物资源最丰富的自然资源宝库，具有极高的科学价值。

2. 高原机场

高原机场分为高原机场和高高原机场（见表5－1）。

表 5－1　高原机场

特点 / 名称	高原机场	高高原机场
海拔高度	海拔高度在 1 500 米及以上	海拔高度在 2 438 米以上
主要分布	中国、尼泊尔、墨西哥、埃塞俄比亚、秘鲁、玻利维亚、厄瓜多尔	中国、尼泊尔、秘鲁、玻利维亚、厄瓜多尔
特点	1. 相同的起飞、着陆重量，飞机的真空速要比平原大得多，在高原机场运行，发动机的推力明显减小，这两个不利因素叠加在一起，使飞机在高原机场起飞距离及着陆距离明显增加。 2. 高原机场发动机推力减小，空气动力变差，飞机的机动能力降低，飞机的爬升和越障能力变差，飞机空中加速、减速所需距离增长，转弯半径增大。 3. 高原机场海拔高，由于高空风通常很大，接近地面的空气因太阳照射导致向阳和背阴方向的受热不均匀，加上地形对风的阻挡、加速，使得高原机场经常出现大风，风速、风向变化也很大，极易形成乱流、颠簸和风切变。 4. 高原机场昼夜温差大，气象复杂多变，有明显的时间差异，还存在地域性和局部性特征。不同的高原机场有着各自不同的特点，如浮尘、扬沙、雷雨、暴雪、浓积云、雷雨云、低云、浓雾、低能见度、结冰和低温等，对飞行很不利，对安全构成很大的威胁，对航班的正常运行影响较大。 5. 高原机场往往又是地形复杂机场，机场周围净空条件差，导航设施设置困难，导致飞机起降、复飞操纵难度大。中国多数高高原机场需要编制专门的单发复飞程序。另外，高原机场可用的机动空域和机动高度很少，飞机空中调配较为困难。 6. 由于受地形的遮蔽和反射，高原机场无线电波产生多路径干扰；地面通信作用距离短，信号微弱；机场甚高频全向信标台/测距仪（VOR/DME）作用距离、覆盖范围较小，指示不稳定，仪表着陆系统（ILS）在某些方位会有假信号产生。 7. 飞行员及乘客会存在高原反应。 8. 由于高原机场存在以上诸多困难，再加上飞机在高原机场飞行操纵难度加大、机动性能较差，飞行员在高原机场飞行易产生畏惧心理。	

四、周恩来总理对民航工作的方针性指示

（一）方针性批示内容

1956 年 4 月，中缅国际航线开通。1957 年 8 月 28 日，民航局向国务院上报了中缅通航一周年的总结报告。10 月 5 日，周恩来总理在仔细看完报告后，在报告上写下了极其重要的批示："保证安全第一，改善服务质量，争取飞行正常。"这三句话，是对民航工作的科学总结，概括了民航工作的基本内容和应该遵循的科学原则（见图 5－8、图 5－9）。

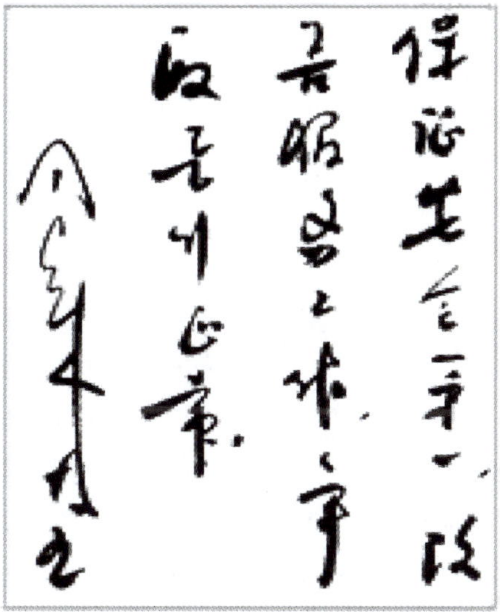

图5－8　民航工作的方针性指示

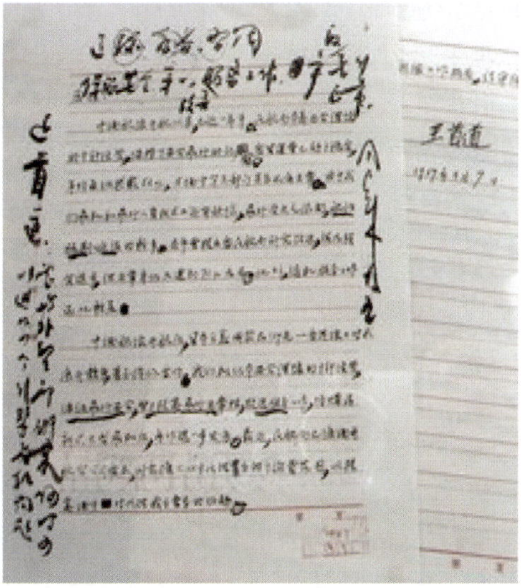

图5－9　周总理在报告上的批示

周恩来总理在新中国民航刚刚起步的阶段就能充分认识到安全、服务和飞行正常之间的重要关系，体现了老一代中国领导人高瞻远瞩的战略目光。这个指示为新中国民航指明了工作方向、原则、重点，使民航干部职工深受鼓舞。自此，周恩来总理的重要批示，正式被确立为民航的工作方针。

（二）方针性批示的内涵

中国民航多年的发展历程，充分验证了这三句话的科学与重要。

“保证安全第一”，是指发展航空运输，保证安全必须放在第一位。只有保证安全才能促进民航发展，没有安全，民航的发展就失去了基础和前提，更不能实现和谐发展、科学发展。经常摔飞机或者飞机经常故障等都会导致民航无法生存和发展，因此对民航来说，有了安全不等于有了一切，但没有安全就将失去一切。

“改善服务工作”，是民航作为服务行业工作的目标。民航服务就是为广大乘客服务态度要好，方式要好，技能要好，而且还应随着社会的发展不断改善民航服务，更好地满足乘客的合理需求。特别是满足乘客的安全正点、快速舒适、个性需求等，不断提高服务意识、服务水平和服务质量。因此，服务是没有止境的，处于不断地改善之中。

“争取飞行正常”，是指民航各个部门要协同一致，争取飞行正常，因为飞行正常带有综合性。受到多种因素的制约，也会面临人们主观努力所克服不了的问题，如天气、自然灾害、飞机突发故障等，特别是民航发展过程中新出现的航路拥挤问题，因此飞行正常是需要争取的，民航人在这方面还有很多工作要做。

2007 年 11 月 28 日，中国民航举行了“纪念周恩来总理对民航工作重要批示 50 周年座谈会”。会上，中国民航局局长杨元元高度评价了周恩来总理的指示对中国民航发展的重要意义。

时至今日，周总理对民航工作做出重要指示已经60多年，中国民航事业从无到有，自小变大，由弱渐强，在成长发展的各个时期，无不凝聚了老一辈无产阶级革命家的重视和关爱。

（三）方针性批示的意义

中国民航发展的历程，就是认真贯彻周恩来总理对民航重要批示，始终不渝地坚持抓安全、抓服务、抓正常的历程。中国民航坚持强化对飞行安全工作的组织领导，坚持第一把手是安全第一负责人的原则，突出领导在安全工作中的关键作用。坚持安全生产责任制，结合实际，创造性地提出了一系列富有实效的安全管理思想、制度和手段，积累了丰富的安全管理经验，有效地提高了民航安全水平。民航系统始终坚持人民航空为人民的宗旨，一贯重视服务和航班正常工作，采取了一系列举措，大力改善服务工作，提高航班正常率，取得了显著成效，得到了社会的普遍认同。

中国民航从小到大、由弱到强的发展历程，有力地昭示了周恩来总理对民航重要批示的高瞻远瞩，越来越清楚、越来越深刻地证明了周恩来总理重要批示具有切合实际、常说常新的恒久生命力。民航的实践已经并将继续证明，周恩来总理的重要批示是各个时期民航工作和一代代民航人，必须秉承的指导思想和工作方针。

在新世纪，中国要实现由民航大国向世界民航强国的历史性跨越，必须坚定不移、始终不渝地贯彻落实周恩来总理的重要批示，将它作为中国民航现在、将来长期坚持的指导方针，并结合新的发展形势赋予新的内涵和新的要求。

毛泽东、刘少奇等老一辈领导人，都对民航工作做过许多重要指示或批示。1949年11月2日，中央政治局决定在人民军事委员会下设民航局，中国民航事业从此揭开新的篇章。1949年11月9日，“两航”在香港的2 000多名员工通电起义，12架飞机同时回到祖国的怀抱。1950年，毛泽东签署发布《中华人民共和国飞行基本规则》，使民用航空器在中国领空内安全飞行有了规范和法律依据。1950年4月，刘少奇为《人民空军》杂志创刊的题词中指出：“强大的人民中国，必须有强大的人民空军与民航事业。”

第二节　中国民航的曲折发展

一、“大跃进”中的中国民航

1958年5月，党的八大二次会议正式通过了“鼓足干劲、力争上游、多快好省地建设社会主义”的总路线。尽管这条总路线的出发点是要尽快地改变中国经济文化落后的状况，但由于忽视了客观经济规律，不可能迅速地改变中国经济文化落后的状况。总路线提出后，又发动了“大跃进”运动。

民航系统也不可避免地卷入这股“左”倾浪潮，在“全党全民办交通”的急于求成思想的指导下，提出了不切实际的“运输航空四通八达，专业航空遍地开花”的口号，新中国民航事业发展历史上出现了一次较大的挫折。

（一）主要问题

1. 坚持高指标，造成多种比例失调

在民航“二五”计划的制定中忽视客观经济规律，坚持高指标、大计划，造成多种比例失调。由于受全国“左”的思想影响，中共民航局委员会在 1958 年 8 月审定并上报了民航第二个五年计划（草案），对作为重要计划指标的飞机数量和航空运输总周转量提出了一个庞大的发展计划：飞机要比 1957 年增加 600 架；航空运输总周转量要比 1957 年增长 14 倍；航线长度要比“一五”计划增长近 3 倍；专业航空飞行小时要比“一五”计划增长 36 倍以上。实践证明，到 1962 年年底这个计划指标远没有达到。

2. 盲目下放及扩大地方航线

1958 年 2 月 27 日，国务院决定将中国民航局划归交通部领导，成立“交通部民用航空总局”。随后，交通部也落实权力下放，决定民航的国际航线、国内干线、工业航空实行以中央为主的双重两道，地方航空、农业航空下放地方，实行以地方为主的双重领导。此后，约 20 个省、自治区大量购买飞机和修建机场，但由于很多地方航线都是仓促开航的，很快出现了左支右绌的现象，如忽视飞行安全、客货运量不足、器材缺乏、油料供应困难等问题，结果，不少航线相继停航，造成了人力、物力、财力上的很大浪费。

3. 大量承担非正常航空运输

在“大跃进”时期，航空运输成为当时工农业生产中“抢时间”“夺高产”的应急运输方式，出现了“支农运输”和“钢铁运输”。如运输大炼钢铁的设备和支农的红薯秧、农药等物资。仅 1958 年上半年，民航从南阳、衡阳、长沙、湛江、北京等地空运到华北地区的红薯秧就达 1 300 多吨。同样，旅客的运输总量也有相似的情况。在“大跃进”的几年中，航空货运的“繁荣景象”是虚假的，也是不正常的。

4. 企业出现亏损。

在当时盛行的“发扬共产主义风格”和“大搞共产主义协作”的口号下，民航系统从领导机关到基层单位，不计成本、不讲经济效益的现象普遍存在。飞机数量和航线虽然增加很快，但是客货运量太少，即使后期的降低客票售价，但结果仍然是飞得越多，赔得越多。

1960 年冬，毛主席针对“大跃进”中出现的各种问题，决定对国民经济实行“调整、巩固、充实、提高”的“八字”方针。经过两年多的努力，中国民航重新走上了正常的发展轨道。

（二）取得较大发展

1. 发展国内航空运输

到1965年，国内航线增加到46条，国内航线布局重点，也从东南沿海及腹地转向西南和西北的边远地区，先后开辟了通往成都和昆明的6条国内干线，对加强“三线”地区建设起到了重要作用。特别是1965年3月1日，北京—成都—拉萨航线正式开航，这是中国民航对支持西藏经济文化建设和加强民族团结做出的贡献。在优化航线分配的同时，国内各航线逐渐增加了航班密度，旅客运输量和货物运输量也有增长。

2. 发展国际航空运输

新中国成立后，由于受国际形势和飞机技术装备条件的限制，中国的国际航线没有取得大的发展。从1963年到1965年，中国政府先后同巴基斯坦、柬埔寨、印度尼西亚等国政府签订航空协定，同意这些国家指定的航空公司开辟通达上海或广州的国际航线。在周总理对民航的关怀下，中国在短短几个月内扩建了上海、广州两个可以起降大型喷气式客机的国际机场，顺利实现了中巴通航，从而打开了西部大门，使中国的民航飞机可以经巴基斯坦直接飞抵欧洲和非洲。

1965年6月3日至10日，中国民航北京管理局第一飞行总队首次执行了周恩来总理访问坦桑尼亚的专机任务。这是中国民航首次飞往非洲执行专机任务。

1965年7月17日至28日，第一飞行总队再次执行了邓小平赴罗马尼亚出席罗共第九次代表大会的专机任务。这是中国民航专机首次飞往欧洲。

以上两次专机任务的圆满完成，取得了飞往亚、非、欧三大洲十多个国家的初步经验，为中国民航进一步开辟远程国际航线奠定了技术基础，并标志着中国民航事业大发展的局面即将到来。

3. 更新机型

1959年，中国民航购买了伊尔18型飞机，标志着从使用活塞式螺旋桨飞机，开始过渡到使用涡轮螺旋桨飞机。

1963年，中国民航又购买了英国的子爵号飞机，从而结束了长期以来只使用苏制飞机的状况。

1965年末，中国民航拥有各类飞机355架。

4. 机场建设

为了适应机型更新和发展国际通航需要，在此期间，修建或扩建了南宁、昆明、贵阳等干线机场。

1958年10月，扩建昆明巫家坝机场，同一时期还建成一批地方机场，如呼和浩特、银川、合肥、延安、景德镇和南充等机场，特别是拉萨当雄机场和拉萨贡嘎机场的修建完成，联通了西藏与内地的空中交通。

相应改善了飞行条件和服务设施，特别是完成了上海虹桥机场和广州白云机场的扩建工程，是中国20世纪60年代民航机场建设中具有战略意义的重要工程。

5. 改善经营管理

1963年起，民航局领导亲自到基层单位抓经济核算工作，带领财会人员和飞行技术人员到成都维修场蹲点，进行经济核算和飞行部队的节约油料试点工作；到齐齐哈尔机车车辆厂了解增产节约经验；去民航 101 厂蹲点和推广，收到了很好的效果。

1965 年，民航终于结束了连续 3 年亏损的局面，做到了略有盈余。

6. 通用航空业务稳步上升

“大跃进”时期，民航通用航空业务发展非常迅速，通用航空飞行工作量从 1958 年起连续三年持续增长。从作业范围看，通用航空除了要为农业生产服务外，还涉及航空摄影、航空探矿、航空护林、森林播种和人工降水等，整体上看，通用航空业务是稳步上升的。

7. 统一民航制服

1958 年年底，周恩来总理通知民航局：根据民航的特殊性，随着事业的发展，民航应该有自己统一的制服，以体现行业特点，反映行业精神面貌（见图 5－10）。

1987 年后，随着各个航空公司的成立，民航服装随时代的发展而演变，呈现出多样化的趋势（见图 5－11）。

图 5－10　早期航空服装

图 5－11　如今的航空制服

二、民航的体制变革

1949 年 11 月 2 日，民航局成立时在体制上隶属中央军委，行动上由空军司令部指挥，业务上归中央财政经济委员会领导。

经过不断地变革，1949 年至 1979 年的 30 年，中国民航行政管理体制变动频繁。民航总体上是一个以军队领导为主、政企合一、半军事化的行业，基本实行军事供给制，管理粗放。为了适应改革开放以及党的工作重心转移的新形势，1980 年，邓小平提出“民航一定要企业化”，拉开了民航行政管理体制以“军转民和企业化”为核心的改革序幕。

1980 年 3 月 15 日，民航总局脱离空军建制，成为国务院的直属局，主管民航事务。同时，民航总局以中国民航名义直接从事航空业务，在各省（区、市）局逐步建立了独立经济核算制度，走上了企业化发展道路。

改革为民航发展注入了生机与活力，释放了民航生产力。1986 年，航空运输总周转量、旅客运输量和货邮运输量较 1980 年分别增长了 2.61 倍、1.9 倍和 1.52 倍，较改革前的 1978 年分别增长了 4.18 倍、3.31 倍和 2.52 倍。同时，航空运输安全监管并未受到较大影响，航空运输安全水平较为平稳。

三、起飞的中国民航

1965 年 3 月，罗马尼亚工人党中央第一书记乔治乌—德治逝世。周恩来总理率中共代表团参加葬礼，租用的是巴基斯坦的飞机。当专机抵达罗马尼亚时，罗方惊讶地对我使馆同志说，他们迎接的所有外国领导人都乘坐本国飞机，唯有中国总理租用别国飞机？此前，周恩来也多次感慨地说：“什么时候我能坐中国自己的飞机出国访问?”

1965 年 3 月 23 日，周恩来总理指示：“中国民航不飞出去，就打不开局面，一定要飞出去，才能打开局面。”周恩来总理决定乘坐中国民航的飞机出访坦桑尼亚。时任中国民航北京管理局副局长的张瑞霭任领队，飞行总队抽调刘崇福、徐柏龄等 10 人组成专机组。6 月 1 日下午 4 时许，机组圆满完成试航任务，飞抵巴基斯坦的卡拉奇，在那里等待周恩来为首的中国政府代表团的到来。

1965 年 6 月 3 日，周恩来总理、陈毅副总理率代表团乘坐巴基斯坦总统专机从拉瓦尔品第飞抵卡拉奇，经过 40 分钟短暂停留，换乘中国民航的伊尔 18 飞往非洲。周恩来总理登机后，直奔驾驶舱。与机长张瑞霭等机组人员一一握手，亲切地说：“这是建国后中国民航飞得最远的一次，我们一定要飞出去，我跟你们一起来实践!”飞机途经伊拉克时已是黄昏，当机组放下起落架，准备在巴格达机场降落时，机场突然停电，导航台失去指示讯号，跑道灯全部熄灭，张瑞霭猛地一惊，血液一下子涌上脑门。他脑海里迅速出现了几个应急方案：复飞，夜航飞往第三国，没有气象报告，油料也不充足，情势会更加复杂；降落，机场一片昏暗……紧急关头，张瑞霭迅速做出立即降落的决定。周恩来冷静地对他说：“我很放心，相信你们会有办法处理的。”于是，张瑞霭利用黄昏时分微弱的余光，准确地判断出跑道方向，将飞机稳稳地降落在跑道上。

中国民航“伊尔 18 型”208 号专机这次历时 14 天，途经 12 个国家，飞行距离 4 4361公里，越山跨海的远程国际飞行，为中国民航飞向世界积累了宝贵的经验，也结束了中国领导人出访租用外国飞机的历史。

1972—1974 年，在周恩来总理的“积极准备开辟航线，合理调整现有航线，团结第三世界，争取第二世界，反对双霸”指导思想下，中国民航先后与阿尔巴尼亚、罗马尼亚、南斯拉夫、埃塞俄比亚、土耳其、伊朗、意大利、挪威、丹麦、希腊、瑞典、加拿大、瑞士、日本和刚果（金）等国政府民航谈判并签订通航协定，为开辟国际航线进行了必要的组织准备。

四、民航的全面恢复与发展总结

1949—1979 年，新中国民航业的发展在曲折、反复和艰难探索中前进，从无到有，从小到大，为 80 年代以后的改革发展和 90 年代的起飞奠定了基础，积累了经验，培养了队伍。

（一）新中国民航事业从无到有不断发展

1. 航线、飞机增加

1949 年 11 月 9 日，在香港的原中国航空公司和中央航空公司的爱国员工毅然脱离国民党反动统治宣布起义，驾驶 12 架飞机飞回祖国大陆，为新中国民航事业的起步奠定了物质基础。新中国建立之初，中国只有 12 条短程航线。1950 年 7 月开辟三条从国内飞苏联的国际航线。1950 年 8 月开辟两条国内固定航线。1951 年 12 月，开辟第一条地方航线。

到 1978 年，中国民航共开辟了 162 条航线。航空业务从邮局收寄航空邮件、喷洒药剂消灭蚊蝇到开创航空护林、森林资源普查和航空磁测探矿，航空服务范围有所扩大。与此同时，飞机数量和种类不断增加，新中国建立之初只有 12 架小型飞机以及向苏联订购的飞机，后来陆续从英国订购子爵号飞机和三叉戟型飞机，从苏联订购的伊尔 62 型和安 24 型飞机，从美国订购的波音 707 型飞机。

新中国成立至改革开放前的 30 年里，中国新建或扩建了一批机场，至 1978 年年底，用于航班飞行的机场达 78 个，初步形成能适应当时运输需求的机场网络。

2. 民航体制变迁频繁

1949 年 11 月成立民用航空局后，民航体制不断变化。

1952 年 5 月，中央军委、政务院决定将民航归空军建制，并将民航行政管理和业务经营分开，改设民航局作为行政领导机构，设民航公司为经营业务的机构。

1954 年 11 月，中国民航局直属国务院领导，1958 年 2 月，划归交通部领导，后又改为交通部民航总局。1962 年 4 月又恢复为国务院直属局。1969 年 11 月，国务院、中央军委批准并转发中共民航总局委员会《关于进一步改革民航体制和制度的报告》，决定把民航划归中国人民解放军建制成为空军组成部分，各项制度按军队执行。以上管理体制变迁都是根据当时政治、经济、社会发展的形势做出的决定。

3. 国际交往逐步展开

中国民航以不断扩大双边和多边交往为主要内容的国际交往逐步展开。

1958 年 7 月 20 日，中国正式加入 1929 年在华沙签订的《统一国际航空运输某些规则的公约》。1974 年 2 月 15 日，中国政府决定承认 1944 年《国际民航公约》，9 月中国当选国际民航组织理事国。

1975 年 8 月 20 日正式加入《海牙议定书》。1977 年 9 月，中文被国际民航组织作为工作语言。1978 年，中国有保留地加入《关于航空器内的犯罪和其他某些行为的公约》。在此期间，中国陆续与法国、日本、联邦德国等国家签订了双边航空运输协定。

尽管中国民航事业在此期间受到了严重破坏和损失，但总体看仍然是在前进的。在发展远程国际航线、更新机群、机场建设、经营管理及参加国际民航事务等方面都取得了突破性的进展。更重要的是，民航各个部门单位在这一时期的表现，为中国民航事业的发展积累了宝贵的经验和教训。

案例分享一

民航北京管理局在北京市招收早期乘务员时，由过去招收义务兵（义务工）改为管理局自己登报、贴广告招收职工，由过去通过组织系统改为面向社会，报名、面试的工人体育场和紫竹院公园人山人海。报名8 627人，合格1 532人，体检合格421人，政审合格308人。体验空中生活代替体检坐转椅之后，确定了205人参加文化考试。文化笔试语文、数学、地理、历史，口试外语（英、法、俄、日、西班牙），最后选出了160人。这次招乘历时112天。

思考：

通过以上内容，结合当下民航企业的用人标准，你觉得想要成为一名合格的空勤人员，应该具备哪些条件？

案例分享二

新中国第一代十八姐妹中的王竹报回忆道："有一次周总理在飞机上办公，放在桌上的茶杯与飞机发动机发生共振，咯咯咯地响，为了不影响总理办公，我拿来一块小毛巾，放在茶杯与托碟之间，共振的声音消除了。"总理微笑地赞扬乘务员细心、聪明，并嘱咐"善于观察，善于分析研究旅客的心理，把服务工作做在旅客提出要求之前。"这是总理对于民航服务工作态度的期望和认可（见图5-12，图5-13）。

图5-12　新中国第一代空姐王竹报

图5-13　中国第一张空姐在客舱里的照片

思考：结合自己对于民航的了解和周总理对于民航工作的方针性指示，谈谈作为一位准民航人，我们应该怎么去对待民航服务这份工作。

练习题

1. 请介绍“八一开航”以及航线。
2. 中苏民航公司的成立对于中国民航发展有哪些影响？
3. 飞跃“世界屋脊”有什么重要意义？
4. “高原机场”建设难度和飞行难度均比较大，请问“难”在哪些方面？
5. 周恩来总理对民航工作的方针性指示的具体内容是什么？请加以描述。
6. “大跃进”对中国民航的影响巨大，具体有哪些影响？
7. 民航工作为什么将安全放在首位？
8. 请举例说出新中国民航事业从无到有不断发展的国内航线。
9. 搜集资料，举例说明民航客机机型从小到大的名称和发展进程。
10. 描述新中国民航事业在发展进程中，国际交往的主要事件。

第六章　民航企业化使中国航空业成长

教学目标

1. 了解民航企业化之前，管理体制的三方面特点和弊端。

2. 掌握民航企业化改革序幕的进程和主要历史事件。

3. 熟记以“政企分开”“机场与航空公司分设”为主题的第二轮改革，分别组建成立的六个地区管理局名称。

4. 了解实现政企分开，深化改革的主要内容。

5. 了解1980年后国家设立经济特区和开放沿海城市后，这些经济特区和沿海开放城市的机场建设项目。

6. 掌握国内航线区域性辐射航线网络和国际航线的发展。

7. 清楚中国骨干航空公司的发展历史——国航、南航、东航、海航。

20世纪80年代前，中国民航一直带有浓厚的军事单位性质，即使中国民航隶属交通部的短暂时期，也是由空军和交通部分工领导。因此，相当长一段时间内人们认为民航就是空军的一部分。

1980年2月14日，邓小平指出“民航一定要企业化”。同年3月5日，中国政府决定民航脱离军队建制，把中国民航局改为国务院直属机构，实行企业化管理。

第一节　脱离军队建制，走企业化发展道路

一、政企不分的管理体制

（一）政企不分管理体制的特点

1. 政企合一

1980年以前，尽管民航的领导关系几经变化，有时归国务院直接领导，有时归交通部领导，在“文化大革命”至70年代末的很长一段时间内，由空军领导或代管，但民航总局一直身兼二职，实行政企合一的管理体制，既是政府管理机构，又是直接经营航空业务的全国性企业。

2. 非经济实体

各级、各地区业务经营机构不是独立的经济实体。财务上由民航总局实行统收统支，经营上也由民航总局统筹安排生产计划。由于实行低票价政策，民航长期处于亏损状态，由国家进行政策性补贴。

3. 实行严格的政府（国家）管制

民航总局作为政府管理机构，对下属机构的经营活动进行了严格的管制，包括对投资、票价、旅客资格、航线、航班开设的管制等，其中对旅客资格的管制（需求管制）是大多数国家所没有的。

这种管理体制，是在中国民航事业规模较小、生产力水平不高的条件下形成的，也是与新中国计划经济体制相适应的，并且推动了中国民航由少渐多、由小渐大、由弱渐强的发展进程。

最明显的一个外在表现就是，在改革开放之前，中国民航工作人员是身穿绿色军装的，只是没有徽章（见图 6－1）。

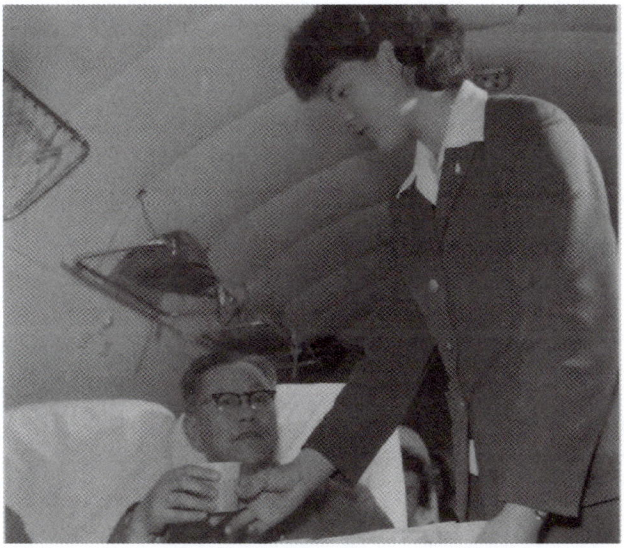

图 6－1　中国民航第一代“军装空姐”

案例分享

中国民航第一代“军装空姐”的蓝天告别飞行

2010 年 4 月的一个清晨，中国南方航空股份有限公司（简称“南航”）湖北分公司客舱部经理施锦娟和往常一样，早早来到客舱部航前准备室，开始她的早班飞行准备。

7 时 48 分，从南航武汉经大连至长春的 CZ6651 航班满载着北上的旅客离开武汉天河国际机场，从冲向蓝天的那一刻起，担任本次航班乘务长的施锦娟告别蓝天生涯之行便随之启航。武汉至长春全程往返飞行距离 4 240 公里，全天空中飞行时间约 7 小时，执勤期约 11 小时。

作为 32 年职业生涯的最后一次飞行，施锦娟与 18 岁入伍，穿着军装第一次执行空勤任务时一样，严谨的作风，灿烂的笑容，饱含的热情，细致的关怀。不同的是第一次飞行是“激动”，而今天更多的是“感动”。

“多年飞行工作，是旅客的肯定和支持成就了我一生的职业生涯，所以时间沉淀下来更多的，是感动。”这是施锦娟发自心底最平实的语言。

航班上一个小姑娘这样写道：“您的微笑是我们这次旅途中最美的礼物！”“感谢您的服务，您的微笑，使我们有了‘空中之家’的感觉，真心感谢！”

“为空中事业付出了 32 年，祝你今后的人生更加充实、丰富多彩。一生平安！”这句祝福出自登机时施锦娟搀扶送到座位的古稀老人……

一张张满含热情温馨的卡片，一个个传递友情关怀的文字，都将作为 32 年精心尽心的回报，32 载青丝华发的见证，这些都将成为把青春与热忱献给民航事业的老乘务长的最珍贵的回忆。

（二）高度集中的政企合一管理体制的弊端

1. 难以发挥民航局作为政府主管部门的作用

高度集中的政企合一的管理体制，集政府部门（民航局）、航空公司、机场于一身。民航局既是主管民用航空事业的政府职能部门，又是直接经营民用航空业务的全国性企业，结果是既导致很难充分发挥民航局作为政府主管部门的作用，又使企业的责权利不能有机统一。

2. 缺乏经营活力与动力

这种高度集中的政企合一的管理体制，严重束缚了民航事业的发展。特别是在全国工作重点转移到社会主义现代化建设上来之后，中国民航开始由飞行国内航线为主，转向开拓国际航空运输业务的新阶段并且业务量高速增长的情况下，再保持原来的管理体制，就难以适应新形势发展的要求。

二、拉开民航企业化改革的序幕

（一）民航体制改革的进程

1978 年 12 月 18 日至 22 日召开的中国共产党十一届三中全会，是新中国建立以来中国共产党历史上具有深远意义的伟大转折，开启了改革开放的序幕。是中国经济体制改革的重要里程碑，揭开了中国经济市场化改革和民航体制改革的序幕。

1978 年 10 月 9 日，国家领导人邓小平就指示：民航要用经济观点管理，要按经济的办法来办。

1979 年 2 月 25 日，国务院副总理李先念召集会议，宣布民航与空军分开，完全由国务院直接领导，并与空军方面接洽交接。

1980 年 2 月 14 日，邓小平副总理指出：民航总局由国务院直接领导，这是一个重大的改革。民航一定要走企业化道路，这个方针已经定了。

1980 年 3 月 5 日，国务院、中央军委发出《关于民航总局不再由空军代管的通知》，决定民航总局从 1980 年 3 月 15 日起，不再归空军代管，今后民航的工作，除航行管理仍按《中华人民共和国飞行基本规则》规定的“中国人民解放军统一领导全国的飞行管制”执行外，其他工作均向国务院请示报告。

1980 年 5 月 17 日，国务院、中央军委发布“关于民航管理体制若干问题的决定”，明确“民航总局是国家管理民航事业的行政机构，统一管理全国民航的机构、人员和业务，逐步实现企业化管理。”

1980 年 8 月 4 日，《人民日报》为此发表了题为“民航要走企业化的道路”的社论。中央党报头版专为民航发表社论，这在中国民航历史上是第一次。

社论指出：“三十年来，我国的民航事业在民航广大职工的共同努力下，已经初具规模。在飞机数量、载运能力，通航里程、机场建设以及专机飞行等方面，都比建国初期有了很大的增长。但是，我国民航工作无论在经营方针、管理体制、技术设备以及服务质量等方面，都还存在着许多亟待解决的问题。”社论还着重指出：“民航是国家的重要运输部门，是一个企业单位，既是企业，就应该按照办企业的方针来经营管理。民航要打开新的局面，必须走企业化的道路。走企业化的道路，这是加强我国民航建设，加强民航竞争能力，把民航企业搞好的一个重要步骤。”

从此，民航行业的发展进入了一个以企业化为中心，改革和发展全面展开的历史新阶段，拉开了民航改革的序幕。

（二）民航管理机构改革大事记

1. 民航企业化道路事件

1980 年和 1982 年两次进行机构改革，民航总局机关改变原来的军队建制，组建作为政府主管部门的各业务司局，为明确政府管理职能奠定了基础。

各地区管理局也加强了经营管理机构，为实现企业化经营创造了一定的条件。1984 年 10 月，中央做出了加快政企分开、积极筹建航空公司的决定，为鼓励调动“中央和地方两个积极性”，允许地方和部门国有资本投资建立航空公司。

1985 年 1 月 7 日，国务院批转中国民航局《关于民航系统管理体制改革的报告》，决定现行民航管理体制要按照“政企分开、简政放权”的原则进行改革。

1985 年 2 月 12 日，中国民航西藏自治区管理局成立。

1985 年 12 月 30 日，上海航空公司成立，成为新中国第一家自主经营的国营地方航空运输企业。

1985 年 12 月 30 日，国务院批准中国民航局《关于民航系统管理体制改革方案和实施步骤的报告》。根据政企分开、减少管理层次和简政放权的原则，将民航局、地区管理局、省（区市）局和航空站四级管理改为民航局和地区管理局两级管理，并将机场和航务管理分开。

2. 经济核算开始分置和权力下放

1979 年以地区管理局为独立核算单位，实行分区管理和计算盈亏，全面考核各项经济技术指标，按运输重量和里程分配收入，合理负担航站费用。

1980 年开始实行地区管理局以下各省（区、市）局的二级核算和跨区航线联营。

1981 年开始国家对民航实行全行业财务承包，三年内“利润包干上交，超收分成，亏损不补”，对各地区管理局也实行利润包干。

1982 年民航总局给予各地区管理局更大的经营自主权，推行经营责任制和岗位责任制。

1985 年开始，国家对民航利润和外汇收入实行“一九”分成。

3. 改革投资体制，初步放松进入管制

实行多渠道筹集资金，通过国际租赁方式引进飞机，加快飞机更新。

1984 年 10 月，中央做出了加快政企分开、积极筹建航空公司的决定，允许部门和地方创办航空公司，以适应改革和开放的需要。这一时期虽然强调了企业化经营，对于克服企业吃国家的“大锅饭”及职工吃企业的“大锅饭”现象，加强民航企业单位经营管理，提高经济效益等，都起到了非常积极的作用。

但是，此阶段只是在政企合一条件下，对经济效益工作的重视和加强。民航总局及其地区管理局、省（区、市）局仍然集政府职能与企业职能于一身，业务分工也不明确，计划经济仍占主体地位。

三、政企分开——第二轮改革的重点

1985 年 1 月 7 日，国务院批准中国民航局《关于民航系统管理体制改革的报告》，确定按照“政企分开、简政放权”的原则进行改革。

从军队脱钩后的中国民航，从隶属于空军改为国务院直属机构，实行企业化管理。但中国民航局依然是政企合一，既是主管民航事务的政府部门，又是以“中国民航（CAAC）”名义直接经营航空运输、通用航空业务的国有企业。

民航转向企业，但管理仍未彻底转变。

1987 年，民航按照市场经济要求，迅速拉开了以“政企分开”“机场与航空公司分设”为主题的第二轮改革，分别组建成立六个地区管理局（在原有管理局基础上，组建了民航华北、华东、中南、西南、西北和东北六个地区管理局）、六家骨干航空公司（中国国际航空公司、中国东方航空公司、中国南方航空公司、中国西南航空公司、中国西北航空公司、中国北方航空公司）。六大机场，实行自主经营、自负盈亏、平等竞争。航空运输服务保障系统也按专业化分工要求进行改革，组建中国航空油料总公司、中国航空器材总公司等。

实现政企分开、全面放松进入规制、建立以“模拟竞争市场”、促进产业内企业有效竞争为目的的企业化改革不断深化。其主要改革内容有四个方面。

（一）组建民航总局

1989 年 11 月 30 日，在明确职责的基础上，调整机构设置和人员配备，管理局、航空公司和机场分设，并对各地、各部门筹办地方航空公司进一步放开，放松市场准入，准许航空分公司和地方航空公司的组建。

（二）实行二级核算

1990 年 2 月，民航总局将已改革的地区管理局的飞行大队、机务大队和售票处分别划归各航空公司，组建为各航空公司的分公司，这些分公司为骨干航空公司的分支机构，不具有企业法人资格，民航总局支持地方、部门兴办航空企业，以民航所属骨干航空公司为主力，帮助地方发展民航。

（三）实施“大公司、大集团”战略

1997 年起，民航总局鼓励有条件的企业进行股份制改造，加快建立现代企业的步伐，并明确提出实施“大公司、大集团”战略。1998 年提出要用 3 年时间有步骤地进行企业改制，推进投资主体多元化，建立现代企业制度，理顺企业的体制和机制，并进一步提出加快推动强强联合和兼并联合、加快建立具有规模经济效益的航空集团公司。

（四）组建大型航空运输企业集团

1999 年初步确立将直属航空公司组建为三四家大型航空运输企业集团的思路；2000 年以后，民航总局进一步改革国际航线的分配办法，引入竞争机制，解决部分国际航线上多家航空公司进入造成的分散经营和内部竞争过度的问题。

各类市场竞争主体和竞争机制的建立，使中国民航市场活力迅速增强。从 1988 年至 2002 年，中国航空运输周转量、旅客运输量、货邮运输量年均增长均在两位数以上。与此同时，在国家的鼓励下，一批与几家大航空公司机制完全不同的地方航空公司陆续成立，厦门航空、上海航空、海南航空、云南航空等隶属于地方的航空公司，犹如放入池塘中的鲶鱼，迅速带动了整个市场迅猛发展。

第二节　机场的建设与改造

1980 年全民航只有 140 架运输飞机，且多数是 20 世纪 40、50 年代生产制造的苏式伊尔 14 等型号的飞机，载客量仅 20 多人或 40 人，载客量 100 人以上的中大型飞机只有 17 架；机场只有 79 个。

1980 年，中国民航全年旅客运输量仅 343 万人次；全年运输总周转量 4. 29 亿吨公里，居新加坡、印度、菲律宾、印度尼西亚等国之后，列世界民航第 35 位。

随着民航在国民经济发展和对外交往中地位和作用的日益加强，国家对民航机场

建设投资比重逐年增多，各省、市、自治区也看到机场对外资引进的巨大作用，并认识到机场是改革开放过程中投资环境的重要组成部分，建设机场的积极性大增，表现为越来越重视机场建设，纷纷筹措资金，以弥补国家和民航局投资的不足。特别是1980年国家设立深圳、珠海、汕头、厦门4个经济特区和1984年开放大连、天津、青岛等14个沿海城市后，这些经济特区和沿海开放城市更是把机场建设作为改革开放不可缺少的先行项目，加上各省会城市和一些交通枢纽城市、旅游城市都渴望与海外和口岸城市直接沟通，把机场建设视为一项重要举措，在全国范围内掀起了修建机场的热潮。

一、经济特区机场的建设

经济特区厦门高崎国际机场的建设很有代表性。

1980年，国务院批准厦门市建立经济特区后，1981年10月15日，厦门湖里出口加工区破土动工，拉开了厦门经济特区建设的序幕。

1981年4月11日，国务院副总理万里视察厦门特区时说："特区没机场不行！"并召开会议，决定由原中国民用航空总局（简称"民航总局"）提出方案后报国家计委。

1981年9月，国务院批准厦门高崎机场的修建报告。

1982年1月10日，厦门机场一期工程在高崎机场原址破土动工（见图6－2）。

1983年10月22日建成通航。是华东地区重要的区域性航空枢纽。

图6－2　厦门高崎国际机场建设初期

20世纪80年代初，福建全省都在上马基础建设项目，水泥、钢材非常紧缺。浇筑跑道需要2万吨水泥，为保障供应，机场建设单位还派专人在全省最大的水泥厂永安水泥厂驻点。1982年11月，正是浇筑跑道的关键时刻，工地还缺3 000多吨水泥。一封告急电报，立即召开专门会议，决定砍掉25个单位的水泥供应。一整列车的水泥在永安装车，正准备北运，此时直接调头运到厦门。难怪有人说，厦门机场是吃着“小灶”建成的（见图6－3）。

图6－3　修建厦门机场主跑道进入铺石、浇注水泥扫尾阶段

厦门机场工程是个名副其实的“三边工程”。边勘测、边设计、边施工，违背了工程建设基本程序。若不采用超常规建设，机场的缺失将成为特区发展的极大阻碍。

厦门机场从动工兴建至正式通航，前后仅用了一年零九个月。这是中国第一个由地方自筹资金建设的机场，也是中国运用外国贷款建设的第一个机场。厦门机场以前所未有的建设速度，赢得了国内外专家的广泛赞誉，成为中国改革开放的一面旗帜。

1984 年，国家领导人邓小平到厦门视察，就机场名字中的“国际”二字赞同道，“就是应当飞出去嘛！就用国际机场这个名字。”一锤定音，厦门高崎国际机场正式命名，经济特区由此起飞（见图6－4）。

图6－4　厦门高崎国际机场

二、开放口岸城市机场的建设

国务院批准对外开放的 14 个口岸城市与 4 个经济特区性质相似，是中国对外交往的门户。因此这些城市所在地政府也把机场建设看成一件极为重要并且迫切需要解决的大事。

（一）改建扩建现用机场

1. 大连周水子国际机场

大连周水子国际机场是日本殖民主义者占领旅大时，于 1924 年 5 月修建的。

1984 年，中国开放大连等 14 个沿海城市，为适应对外开放的需要，大连周水子机场于 4 月 10 日开始第二次大规模改扩建，主要是扩建机场跑道和停机坪，改造机场通信导航设施、航站楼服务设施和地面保障设施。同年 11 月 20 日工程完工，新机场跑道为水泥混凝土道面，长 3 300 米、宽 45 米，飞行区等级指标达到 4E，结束了大连周水子机场只能起降中小型飞机的历史。

1985 年，大连周水子国际机场被国务院、中央军委批准为对外开放机场，成为中国当时沿海开放城市中飞行区等级最高的机场之一。

2. 上海虹桥机场

上海虹桥机场的前身是建于 1921 年 3 月的民国虹桥机场，抗日战争时期被日本军队占领。新中国成立后，重建虹桥机场，此后一直作为军用机场，直到 1963 年，被国务院批准再次成为民用机场。

1965 年第一次扩建成为国际机场后，通航的国家和地区日益增多，运输业务发展迅速。特别是中国实行改革开放政策之后，上海作为中国东部最发达城市和三大直辖市之一，航空运输量迅速增长，加上空客 300、波音 747、MD80 和 MD82 等新型飞机投入使用，使机场难以满足要求。

1984 年 3 月，上海虹桥机场再度扩建，主要项目是扩建停机坪与站坪、改扩建航站楼、兴建货运站、改善机场航空油料供应设施，同年 9 月 30 日，扩建工程完工。扩建后的候机楼，使用面积比过去扩大了 1 倍。

1988 年 12 月，上海虹桥机场候机楼第三次扩建，1991 年 12 月 26 日完工。

作为上海第一个民用机场的上海虹桥机场，经过多年的扩建，现已成为中国最大的国际航空港之一。

3. 广州白云机场

广州白云机场 1933 年夏季建成，机场原址位于广州市白云区西侧。1959 年之前，广州白云机场是军用机场。广州的民用机场在天河，即现在的天河体育中心一带。

1959 年，广州飞行队由天河机场迁至广州白云机场。刚开始时，白云机场还是军民共用机场，直至 60 年代中，白云机场始改为民用机场。

1964 年，白云机场跑道从 2 000 米延长到 2 500 米。后来，机场的跑道不断加长，到了90年代，机场的跑道延长到3 800米，宽60米。1997年春运结束后，白云机场开始对国内候机楼的设施、流程进行大规模的调整改造，白云机场航站楼的建筑面积增加5 000多平方米，候机楼被划为3个分区，增加13个值机柜台、6个登机口。最为显著的变化是原国内、国际候机楼之间2 000多平方米的商业店铺被取消，改建为两层连廊，使旅客出入候机楼、上下车更加方便，不再受日晒雨淋之苦，而仅此一项，白云机场每年就将损失2 000多万元的商业收入。经过努力，日旅客吞吐量由1.2万人次增加到4.1万人次。

1994年，白云机场在中国500家最大服务业企业及行业评价中，被列为中国最大服务业企业航空港第二位。

1995年，白云机场对候机楼进行第五次大规模改扩建，使白云机场拥有当时国内最大的值机大厅和安检大厅，能满足客流高峰每小时4千人次的需要。1995年，白云机场被列为国有企业500强之一。

4. 湛江机场

湛江机场位于广东省湛江市西郊，原称西厅机场，距湛江市中心5公里，是粤西地区唯一的民用机场。新中国成立后，湛江机场于1952年恢复通航。到了90年代，湛江机场迅猛发展。

湛江机场占地面积约2平方公里，飞行区等级4D，跑道长2 400米，能满足波音757以下飞机的起降要求。

湛江机场目前与全国多个城市通航，高峰时期每周航班有100多班，旅客吞吐量最多年份超过60万人次，货邮行吞吐量为4 000多吨，在全国机场排名中名列第34位。

（二）改建军用机场为军民合用机场

利用和改建开放口岸城市军用机场为军民合用机场，青岛、连云港、烟台、秦皇岛均有军用机场，对其加以改造可以很快开通航线，有利于这些开放口岸城市的改革开放工作。

1985年11月起，海军使用的青岛流亭机场在改建后军民共用，于1985年3月26日通航，可起降安24以下各型飞机。

烟台市海军莱山机场也被批准为军民共用。1986年开始扩建，可以满足MD82型飞机起降。

秦皇岛市利用当地海军机场，以安24型飞机先行通航，1987年改用BAe146型飞机飞行。

（三）新建民航机场

北海、温州、南通、宁波四城市没有现成的机场可以利用。经国务院、中央军委批准，自1984年11月、1984年12月、1985年6月、1985年8月，温州永强机场、北海福成机场、南通兴东机场、宁波栎社机场分别开始兴建，并于1990年7月、1986年2月、1992年12月、1990年6月投入使用。

三、旅游城市机场的建设

（一）敦煌机场

敦煌机场始建于1982年2月，同年7月试飞成功，机场等级为3C级。

1982年2月21日，敦煌县敦政发〔1982〕14号文批复戈壁1 968.6市亩，无偿划拨供民航修建敦煌机场使用，产权归民航所有。2001年9月8日17时28分，空客320飞机平稳地降落改扩建后的敦煌机场新跑道，标志着敦煌机场跑道建设工程全面完成，首次试飞成功。

敦煌机场是中国重要的旅游城市机场，虽然各种设施较为落后，航站楼面积也较小，但因其设计富有个性与活力，地方民族色彩突出，先后获得建设部优秀设计二等奖、国家优秀设计银奖和中国80年代建筑艺术优秀作品奖。

（二）黄山屯溪国际机场

黄山屯溪国际机场是一个位于安徽黄山的民用机场，始建于1958年，1959年10月通航。随着黄山市政治经济文化的飞速发展，在不同的历史发展时期，先后经历了1966年、1980年、1987年、2000年四次扩建。

2014年6月30日，黄山屯溪机场正式被国家民航局审核同意更名为黄山屯溪国际机场。黄山屯溪国际机场是黄山市唯一的空中门户，是安徽省第二大民用机场和第二个国际机场。

如今，黄山屯溪国际机场已由最初的600米碎石跑道，仅可起降运五和安24小型飞机的简易机场，发展成可起降波音B757/300型以下机型的现代化机场。跑道长2 600米，国际、国内候机厅1.4万平方米，停机坪面积4.9万平方米，登机廊桥4座，可同时停放8架飞机，年设计旅客吞吐量为国内旅客92万人次、国际旅客20万人次。

资料链接

全国其他城市的机场建设

民航机场的建设热潮，不但在经济特区、开放城市和旅游城市出现，在内地各省会及各大中城市也相继出现。其数量之多、范围之广，其修建过程中表现出的积极性之高，都是空前的。

一、新建和扩建大型机场

河南洛阳北郊机场于1985年2月批建，1986年开工兴建，1987年9月26日正式通航。

重庆江北机场于1984年10月批建，1985年11月正式开工，1990年1月22日建成。

青海省西宁曹家堡机场其前身是西宁东郊的乐家湾机场，始建于1931年。1985年

5月17日，国务院、中央军委批准新建西宁曹家堡机场，机场总投资1.3亿元（实际完成1.982 5亿元）按4D级机场标准修建。省政府将机场修建工程正式列入青海省“七五”计划重点建设工程，1989年10月27日，新建工程正式获得批准开工，经过3 000多名建设者长达6年的艰苦努力，西宁曹家堡机场于1991年基本建成，同年12月正式交付使用。

湖南长沙黄花机场于1984年10月批建，1986年6月正式开工。

辽宁沈阳桃仙机场于1985年7月批建，1986年11月5日正式开工建设。

吉林长春大房身候机楼最早修建于1972年，1974年4月竣工投入使用。机场于1985年10月扩建，是位于中国吉林省长春市西郊的一座军用机场，长春龙嘉国际机场启用前曾是军民两用机场。1993年修建了国际候机楼。大房身机场已于2005年8月27日零时起停止民航运营。

南京大校场机场于1985年6月批建，1986年5月完工。

昆明巫家坝机场于1985年5月批准改建为4E级国际机场。

西安咸阳机场于1984年9月批建，1987年8月正式开工。

二、扩建或改建中型机场

成都双流机场于1982年3月批准扩建，1983年6月完工。

呼和浩特白塔机场于1985年7月动工扩建，1987年7月完工。

包头二里半机场于1986年7月扩建，1987年完工。

齐齐哈尔三家子机场于1986年5月批准扩建，1988年5月正式通航。

三、新建或改建小型机场

黑河机场于1983年批准迁建，1985年11月投产使用，1987年再次改造为3C级机场。

榆林西沙机场于1985年批建，1988年开始启用。

银川新城机场于1958年建成，1986年扩建为3C级机场。

佳木斯东郊机场1958年建成，1983年批准扩建为3C级机场，1985年投入使用。

丹东浪头机场于1985年3月批准为军民合用，进行改扩建，1986年3月正式启用。

赣州黄金机场于1959年建成通航，1987年7月扩建。

第三节　航线的扩展

一、国内航线增长及布局网络化

在改革开放和现代化建设日益发展的形势下，中国民航的航线布局有了明显的变化。

（一）国内航线出现区域性辐射航线网络

国内航线形成以北京、上海、广州、成都、西安、沈阳、乌鲁木齐七个大城市为中心的区域性辐射航线网络，即华北地区、华东地区、华南地区、西南地区、西北地区、东北地区和新疆地区的航线网络。

逐渐打破30多年来以北京为中心的单一航线网络格局。

（二）不断开辟通往旅游城市的航线

全国重点旅游地区有40个旅游城市开通航班，其中，北京、西安、上海、南京、杭州、桂林、广州和昆明等热点城市，每天都有航班飞行。

为了开拓香港旅游，密切香港与内地的经济交往，1978年10月，广州至香港间开始了包机飞行。1980年正式开辟了从北京、上海、广州、杭州至香港的地区航线。1981年以后又增辟了天津、昆明通往香港的地区航线。此外，厦门、桂林、海口、南京、成都、西安、福州和大连等城市与香港之间，有定期或不定期的包机飞行。

（三）日益增多沿海城市的航线

沿海城市伸向内陆城市的辐射航线主要呈东西向分布。以上海和广州为中心的国内航线辐射区域西到新疆，南通三亚，北至黑龙江。沿海城市机场的建设与完善为航线的开辟提供了前提条件。其中厦门的高崎机场、大连的周水子机场、上海的虹桥机场都是大型国际航空港，除了飞往各内陆城市的国内航线，还开辟了很多国际航线连接中国与东南亚地区国家，带动了当地旅游业的迅速发展，为中国与海外国家如日本、新加坡、泰国和马来西亚之间的文化、经济、旅游产业的交流与共赢做出了非常重要的贡献。

（四）少数民族地区的航空交通继续得到改善

为了满足支援西藏建设的需要，民航不断改换飞往拉萨的机型和增加航班次数，使民航班机成为广大旅客往返于拉萨与内地之间的主要交通工具。自开航以来，仅从成都至拉萨就运送了百万人次的藏族同胞、援藏人员、边防部队人员和旅游外宾，还运送了大量药品、精密仪器、农牧良种等货物和邮件，为建设繁荣的新西藏做出了贡献。

事实证明，大力发展边疆航线，对于增进民族团结，繁荣民族地区经济，促进边疆与内地的政治、经济和文化交流以及巩固国防都有着积极作用。

航线网络规划经历了从无到有、从城市到轮辐式网络发展过程，一般说来，会经历分散的机场服务阶段、航线渗透阶段、最大限度地连接阶段、充分连接阶段、轮辐式航线阶段和减轻枢纽城市压力阶段六个阶段，从航线、机队等的规模经济到规模不经济再到规模经济的过程。从中国航线网络图看，中国的航线网络绝大部分处于充分连接阶段，少数机场形成了枢纽机场。

从中国航线的分布看，到1998年年末，全民航已有国内航线991条，通航机场

141个，机场的定位为支线机场还是干线机场并不明确。有些机场本身为支线机场，但却以干线航班任务为主。这种状况是由于中国航线规划不合理造成的，亦即一个机场建成后，不论是干线机场还是支线机场，均争先开辟至北京、上海、广州的航线，而不愿意培养新的、冷的航线，出现了干线过多而支线过少的情况，1998年统计，600公里以下的支线占全部国内航线的14%。全国的旅客吞吐量95%集中在40个机场，其中绝大多数在东部，其余的100个机场的吞吐量仅占全部吞吐量的5%。从而造成的少数机场饱和或过于饱和而绝大多数机场处于闲置状态。

从中国民航的机队规划看，适合支线飞行的飞机很少。综观中国民航的国内和地区航线示意图，可以看到明显具有枢纽特点的机场并不多，枢纽机场应当是既可以吸引大量的支线旅客前来，又要采用干线释放大量的旅客前往全国各地。

截至1999年年末，中国民用运输飞机合计为510架，其中100座以下飞机不足25%，并且绝大多数飞机已经接近服役年限；25%左右的飞机为大型飞机，50%左右为中型飞机。根据中国航线的平均距离和飞机的最大巡航距离，大型和中型飞机均可以不间断飞行。这种飞机布局很难发挥不同地区的区域优势，不利于支线的发展，机场很难形成枢纽机场。

二、国际航线的发展

由于中国实行对内改革，对外开放政策，进一步打开了外交局面，加强了国际交往和对外贸易，对内对外旅游业也蓬勃兴起。这些因素有力地推动了中国民航国际航线的开拓。

（一）亚洲

菲律宾政府主动要求与中国建立通航关系。1979年8月1日，菲律宾航空公司首航马尼拉—广州—北京。同年9月4日，中国民航也开辟了北京—广州—马尼拉的国际航线，实现了与东盟国家的首次通航。

根据中国与泰国签订的通航协定，1980年，中国民航开辟了通往东盟国家的第二条航线，即北京—广州—曼谷的国际航线。泰国国际航空公司也对应开辟了曼谷—广州的国际航线。

新加坡航空公司1985年5月首航新加坡—上海—北京。同年6月，中国民航对等开辟北京—广州—新加坡国际航线。

中菲、中泰、中新国际航线的建立，有利于加强中国与东南亚国家的友好往来，更有利于三国华侨回国观光、探亲访友。

（二）欧洲

中国民航致力于开辟经过海湾国家至中东地区飞往欧洲的国际航线，加强与英国、德国等航空公司的联系。

根据中英通航协定，1980 年 11 月 13 日，英国航空公司先开辟了伦敦—巴林—香港—孟买—伦敦的国际航线。中国民航于同年 11 月 15 日对等开辟了北京—卡拉奇—法兰克福—伦敦的国际航线。

中国民航于 1985 年和 1986 年分别开辟了北京—卡拉奇—科威特、北京—沙迦—罗马—法拉克福的国际航线。

（三）北美洲

经过中美两国政府多次通航会谈达成协议后，1981 年 1 月和 1982 年 4 月，中国民航先后开辟了北京—上海—旧金山—纽约、北京—上海—洛杉矶—旧金山—上海—北京的国际航线。

根据中国和加拿大政府签订的民航协定，1987 年 9 月中国民航开辟了北京—上海—温哥华—多伦多的国际航线。

中国开辟越过太平洋前往北美洲的远程国际航线，为中国民航进一步跻身国际航空市场开辟了道路。

（四）大洋洲

1984 年 9 月，中国民航开辟了通往大洋洲的北京—广州—悉尼的国际航线。

澳大利亚快达航空公司也同时开辟了墨尔本—悉尼—北京的国际航线。

（五）非洲

1978 年 3 月，中国开辟了通往非洲的第一条国际航线，北京—卡拉奇—亚的斯亚贝巴。对促进中国人民与非洲各国人民的友好往来做出了贡献。

第四节　航空公司的成长——国航、南航、东航、海航

一、地区民航管理局的成立

组建骨干航空公司的同时，在原民航北京管理局、上海管理局、广州管理局、成都管理局、西安管理局和沈阳管理局所在地的机场基础上，组建了民航西南、华北、华东、西北、东北和中南六个地区管理局，新建民航乌鲁木齐管理局。

（一）民航西南管理局

按照民航管理体制改革方案的要求与实施步骤，民航系统体制改革确定原成都管理局和上海管理局 1987 年 4 月起作为体制改革的试点，试点后再完全铺开。1987 年 10 月 15 日，民航西南管理局、中国西南航空公司和成都双流机场正式成立。

（二）民航华北管理局

1988 年 7 月 1 日，民航北京管理局实行政企分开，民航华北管理局、中国国际航空公司和北京首都国际机场试运行后宣布正式成立。

（三）民航华东管理局

1987 年 12 月 14 日，民航上海管理局实行政企分开，华东管理局、中国东方航空公司、上海虹桥国际机场完成组建并开始试运行，1988 年 6 月 25 日，民航华东管理局、中国东方航空公司和上海虹桥国际机场宣布正式成立。

（四）民航西北管理局

1989 年 12 月 6 日，民航西安管理局实行政企分开，民航西北管理局、中国西北航空公司和西安西关机场试运行后正式成立。

（五）民航东北管理局

1990 年 6 月 16 日，民航沈阳管理局实行管理体制改革，民航东北管理局、中国北方航空公司和沈阳桃仙机场正式成立。

（六）民航中南管理局

最后一个完成改革的是民航广州管理局，1992 年正式成立民航中南管理局、中国南方航空公司、广州白云国际机场。

（七）民航乌鲁木齐管理局

此外，1985 年 1 月 1 日，民航新疆维吾尔自治区管理局更名为民航乌鲁木齐管理局，改由民航局直接领导，同时成立中国新疆航空公司。随后，六个国家骨干航空公司先后成立，实行独立经营，自负盈亏。

二、骨干航空公司的成立及发展

（一）中国国际航空公司

中国国际航空公司的前身是民航北京管理局飞行总队，于 1955 年 1 月 1 日正式成立。1988 年民航北京管理局分设，成立中国国际航空公司。

根据国务院批准通过的《民航体制改革方案》，2002 年 10 月 28 日，中国国际航空公司联合中国航空总公司和中国西南航空公司，成立了中国航空集团公司，并以联合三方的航空运输资源为基础，组建新的中国国际航空公司——中国国际航空股份有限公司（AIR CHINA），简称“国航”。

中国国际航空公司总部设在北京，辖有西南、浙江、重庆、内蒙古、天津、上海、湖北和贵州、西藏分公司，华南基地以及工程技术分公司等。国航主要控股的子公司有中国国际货运航空有限公司、澳门航空股份有限公司、深圳航空有限责任公司、大连航空有限责任公司和北京航空有限责任公司等，合营公司主要有北京飞机维修工程有限公司（Ameco）。另外，国航还参股国泰航空、山东航空等公司，是山东航空集团有限公司的最大股东。曾为国航控股、现中航有限旗下的北京航空食品有限公司于1980年5月1日在北京成立，是中国《中外合资经营企业法》颁布后的第一家中外合资企业。

（二）中国南方航空股份有限公司

中国南方航空股份有限公司是中国三大国有大型骨干航空企业之一，简称南航。

中国南方航空股份有限公司，是中国南方航空集团公司属下航空运输主业公司，有新疆、北方、北京、深圳、海南、黑龙江、吉林、大连、河南、湖北、湖南、广西、台湾和珠海直升机等14家分公司。以蓝色垂直尾翼镶红色木棉花为公司标志，主要提供大陆、港澳台地区和国际航空客运、货运及邮运服务。

南航是中国运输飞机最多、航线网络最发达、年客运量最大的航空公司。

（三）中国东方航空公司

中国东方航空成立于1988年6月。

东航创业之初就秉持“开拓创新、深化改革、厉兵秣马、飞向世界”的精神，成功实现了由区域性航空公司向国际性航空公司的转变。

成为全球第七大航空公司的东航，从7架飞机和28名员工首开航线起步，60年间不断发展壮大，成为日运营航班2 400余班，日承运旅客30余万人，在全球拥有8万多名员工的“日不落”航企。从最初的三条航线出发，今天已编织出通达全球177个国家、1 062个目的地，年服务1亿人次的空中大网。从首批7架“革新型”飞机迈出运营的第一步，今天已建立起拥有600架现代化客机，位列全球第七的航空公司。四大主力机型平均机龄仅5.5年，领先全球规模航企。

（四）海南省航空公司

1986年6月10日，海南行政区人民政府给广东省政府上报《关于成立海南航空公司的请示》，并请求省政府转报中国民航局。1988年9月1日，海南省政府召开常务会议，讨论了成立海南省航空公司的问题，会议决定组建海南航空。

1991年11月1日，中国民航局颁发海南省航空公司航空运输企业《经营许可证》。1992年10月15日，海南省航空公司创立大会在海口泰华宾馆召开。经营机制灵活、管理体制全新的中国民航第一家经过规范化改造的股份制企业海南省航空公司宣告成立。

2000年8月8日，海航控股美兰机场，成为中国第一家控股机场的航空公司。

2002年11月8日，海航集团董事长陈峰作为海南省唯一的企业家代表，光荣地参加了中国共产党第十六次全国代表大会。

2017年，海南航空第七次蝉联 Sky Trax 五星航空公司称号，成为中国内地唯一一家入选的航空公司，同时获评“中国最佳航空公司”与“中国最佳员工服务”两项殊荣。又一次续写了五星传奇（见图6-5）。

图6-5　海航授奖

练习题

1. 简述拉开民航企业化改革序幕的历史背景。
2. 描述中国民航企业化改革的主要内容。
3. 写出中国民航体制改革后成立的六家骨干航空公司名称，并自选目前三大航空公司之一进行具体介绍。
4. 简述现代中国民航国内航线网络的特点。
5. 谈谈你对南方航空公司的了解和认识。
6. 查找五家航空公司和五家机场的代码。
7. 请介绍载国旗飞行的航空公司和旗下分公司和控股公司。
8. 为什么说厦门高崎国际机场是吃着“小灶”建成的。
9. 谈谈中国民航为什么一定要走企业化道路?
10. 列举中国民航改革后大发展的主要表现。
11. 简述海航集团成立的背景及特点。

第七章　中国由民航大国走向民航强国的展望

教学目标

1. 了解中国民航机场的发展。
2. 熟知中国三大航空运输集团。
3. 了解三大航空服务保障集团的发展历程。
4. 明确十三五的发展目标。
5. 中国从民航大国发展成为民航强国。
6. 熟悉民用飞机的分类。
7. 了解空客、波音飞机系列。
8. 熟知中国制造的 C919 飞机。

第一节　中国民航机场的发展

一、北京首都国际机场

北京首都国际机场（PEK）（Beijing Capital International Airport，BCIA）简称首都国际机场，是中国主要的国际机场。首都国际机场位于北京市区东北方向的顺义区，距离天安门广场 25.35 公里，为中国规模最大、设备最齐全、运输生产最繁忙的大型国际航空港，并且是当前中国最繁忙的民用机场，也是中国国际航空公司的主要基地机场。

北京首都国际机场是中国第二个拥有三条跑道的国际机场（另一个是上海浦东国际机场），机场原有东、西两条 4E 级双向跑道，长宽分别为 3 800 米 ×60 米、3 200 米 ×50 米，并且装备有 II 类仪表着陆系统；2008 年建成的三号航站楼和第三条跑道（3 800 米 ×60 米，满足 F 类飞机的使用要求）。首都机场于 1958 年 3 月 2 日正式投入使用。

（一）1 号航站楼

1980 年 1 月 1 日，1 号航站楼（T1）启用，有 10 个登机口，规模相对较小。在 2 号航站楼开放之后，1 号航站楼随后关闭翻新。

1 号航站楼在 2004 年 9 月 20 日重新开放，专门为中国南方航空公司和厦门航空的国内航班使用（两公司的国际航班仍在 2 号航站楼）。2008 年 1 号航站楼再次关闭改造。中国南方航空和厦门航空搬迁往 2 号航站楼。

2008 年 6 月 27 日起，海南航空转场 1 号航站楼，1 号航站楼成为海南航空集团国内航班的专用航站楼（包括海南航空、大新华航空、大新华快运、金鹿航空、天津航空）。

（二）2 号航站楼

在北京首都国际机场 3 号航站楼投入使用后，2 号航站楼（T2）一部分航空公司航班搬迁到 3 号航站楼。

2008 年 3 月搬迁后仍在 2 号航站楼的航空公司有：中国东方航空公司（MU），上海航空公司（FM），重庆航空公司京沪空中快线（东航、南航航班）（OQ），中国南方航空公司（CZ），海南航空公司（国际航班）（HU），厦门航空公司（MF）。

（三）3 号航站楼

北京首都国际机场 3 号航站楼（T3）主楼由荷兰机场顾问公司（NACO）、英国诺曼·福斯特建筑事务所负责设计。首都机场开始三期扩建工程，耗资 270 亿元人民币，为国内面积最大的单体建筑。其总建筑面积 98.6 万平方米。3 号主楼建筑面积为 58 万余平方米，仅单层面积就达 18 万平方米，拥有地面五层和地下两层，由 T3C 主楼、T3D、T3E 国际候机廊和楼前交通系统组成。T3C 主楼一层为行李处理大厅、远机位候机大厅、国内国际 VIP；二层是旅客到达大厅、行李提取大厅、轨道交通站台；三层为国内旅客出港大厅；四层为办票、餐饮大厅；五层为餐饮部分。

3 号航站楼为中国国际航空公司、深圳航空公司、山东航空公司、四川航空公司，以及星空联盟的外航、寰宇一家的外航和非联盟的外航服务。

1993 年，北京首都国际机场旅客吞吐量突破 1 000 万人次；2007 年 12 月 5 日，旅客吞吐量突破 5 000 万人次。2015 年全年实现旅客吞吐量 8 994 万人次，连续 5 年位居世界第二。

二、上海浦东国际机场

上海浦东国际机场（PVG）（Shanghai Pudong International Airport）位于上海长江入海口南岸的滨海地带，距上海市中心约 30 公里，距离虹桥机场约 40 公里。

浦东机场一期工程 1999 年 9 月建成通航。浦东机场拥有 3 条跑道、两个航站楼、218 个停机位、70 座登机桥，可保障年旅客吞吐量 6 000 万人次。同时，装备有导航、助航灯光、通信、雷达、气象和后勤保障等系统，能提供 24 小时全天候服务。

浦东国际机场的航班量占整个上海机场的六成左右。2015 年，浦东机场保障飞机起降 45 万架次，完成旅客吞吐量 6 008 万人次，完成货邮吞吐量 327 万吨。

（一）1 号航站楼

1 号航站楼建有 80 万平方米的机坪、有 76 个机位。由主楼和候机长廊两部分组成，均为三层结构，面积达 27.8 万平方米，到港行李输送带 13 条，登机桥 28 座；候机楼内的商业餐饮设施和其他出租服务设施面积达 6 万平方米。

（二）2 号航站楼

2 号航站楼位于第一航站楼东侧，建筑面积 48 万平方米。

2 号航站楼采用三层式航站楼结构，方便旅客中转。2 号航站楼自上而下分为国际出发层、国际到达层和国内出发到达混流层三个旅客活动层。这种“三层式航站楼结构”能够更好地适应航空公司的中枢运作；能够更好地适应上海国际与国内间中转旅客比例较大的特点，以及国际国内航班波在时间上错开的特点，最好地利用可转换机位，最大限度地提高近机位的使用效率。在 2 号航站楼中运行的航空公司的各种中转、过境旅客均在航站楼的中央部位完成，非常便捷。2 号航站楼航站楼首次设计了国内出发到达混流层，使得国内出发与到达旅客在同一层面上，方便了旅客的中转，有利于国内枢纽的形成。

三、广州白云国际机场

广州白云国际机场（CAN）是中国三大国际枢纽机场之一，更是亚洲乃至世界最为繁忙的机场之一。截至 2016 年底，白云机场航线网络已覆盖全球 200 多个通航点，其中国际及地区航点超过 80 个，通达全球 40 多个国家和地区；已有近 70 家航空公司在白云机场运营，其中外航和地区公司 44 家。

2004 年 8 月 5 日，新白云机场启用以来，业务迅猛发展，2016 年实现年旅客吞吐量 5 978 万人次，跻身世界超大型繁忙机场行列。

白云机场现有三条跑道，138 个客机位，45 个货机位，1 号航站楼总面积 52.3 万平方米，由主楼、连接楼、候机厅和高架连廊组成，共分四层。第三层为出发及候机大厅，第二层为到达夹层，第一层为到达及接机大厅，负一层则通往地铁及停车场。出发及候机大厅位于航站楼第三层，共有 8 个进出口。的士和大巴均可直接停靠在航站楼出发大厅门口。2 号航站楼共 63 万平方米，目前正在建设中，计划于 2018 年初投入使用。

第二节　中国民航三大航空运输集团和三大航空服务保障集团

根据中央完善社会主义市场经济体制和深化国有资产管理体制改革要求，中国民航在2002年—2004年进行了以“航空运输企业联合重组、机场属地化管理”为主要内容的第三阶段改革，其主要原则是：政企彻底分离，政资分离，行业重组。

2002年10月11日，经国务院批准，中国航空集团公司、中国东方航空集团公司、中国南方航空集团公司三大航空运输集团和中国民航信息集团公司、中国航空油料集团公司、中国航空器材进出口集团公司三大航空服务保障集团在北京宣告成立，几家公司与中国民航总局脱钩，归属国家资产管理委员会领导，中国民航总局只对其实行行业管理。

六大集团公司是在民航总局直属的9家航空公司和4家服务保障企业的基础上联合组建的，它们的成立，标志着中国民航业的发展进入了一个全新阶段，成为中国民航向世界民航大国战略转变的新起点。

一、三大航空运输集团

（一）中国国际航空集团公司

中国航空集团公司是以中国国际航空公司为主体，联合中国航空总公司和中国西南航空公司组建的国有大型航空运输企业。中国航空集团公司资产总额573亿元人民币，员工22 960人，运输飞机119架，经营航线307条。集团公司组建后，保留中国国际航空公司的名称，对联合三方进行主辅业分离，航空运输主业及关联资产划入中国国际航空公司，统一使用中国国际航空公司的标志，完成航空运输主业一体化；辅业另行重组，由集团公司统一管理。

1. 发展历史

中国国际航空股份有限公司的前身中国国际航空公司，成立于1988年。中国国际航空公司的前身——民航北京管理局飞行总队于1955年1月1日正式成立。1988年民航北京管理局分设，成立中国国际航空公司。

根据国务院批准通过的《民航体制改革方案》，2002年10月28日，中国国际航空公司联合中国航空总公司和中国西南航空公司，成立了中国航空集团公司，并以联合三方的航空运输资源为基础，组建新的中国国际航空公司。

2004年9月30日，经国务院国有资产监督管理委员会批准，作为中国航空集团公司控股的航空运输主业公司，中国国际航空股份有限公司（以下简称国航）在北京正式成立，继续保留原中国国际航空公司的名称，并使用中国国际航空公司的标志。

2004 年 12 月国航股份进行首次境外发售股票，2004 年 12 月 15 日，中国国际航空股份有限公司在香港（股票代码 0753）和伦敦（交易代码 AIRC）成功上市。2006 年 8 月 18 日中国国际航空股份有限公司成为中国第一家在香港（中国国航）、伦敦（伦敦 LSE：AIRC）、中国内地（上海证券交易所，股票代码 601111）三地上市的航空公司。

2007 年年底，中国国际航空股份有限公司正式加入“星空联盟”。

截至 2010 年年底，中国国际货运航空拥有 9 架波音 747－400 货机，是中国民航最大的波音 747－400 货机机队。

2011 年 7 月 21 日下午，国内首架最豪华的远程客机波音 777－300ER 降落在北京首都国际机场。中国国际航空股份有限公司共引进 20 架波音 777－300ER 客机。截至 2015 年 2 月，国航共有各类飞机 327 架。

2014 年 4 月 16 日，国航宣布，将向部分航班上的旅客提供机上宽带互联网服务。旅客将可以通过 PC 和平板电脑访问新浪、网易、腾讯、银河证券和丽子网等网站、与地面连线召开视频电话会议等。新浪微博是国航的独家社交应用合作伙伴。此次升级为宽带是国航上网服务的进一步升级。

2. 企业标志

国航的企业标志由一只艺术化的凤凰和中国改革开放的总设计师邓小平书写的“中国国际航空公司”以及英文“AIR CHINA”构成。国航标志是凤凰，同时又是英文“VIP”（尊贵客人）的艺术变形，颜色为中国传统的大红，具有吉祥、圆满、祥和、幸福的寓意，寄寓着国航人服务社会的真挚情怀和对安全事业的永恒追求。

使用此标志的公司还有：中国航空集团公司、中国国际货运航空、北京航空、大连航空、国航内蒙古公司（内蒙古航空）。

图 7－1　国航标志

3. 国航系合作伙伴

中航集团、深圳航空、山东航空、澳门航空、大连航空、西藏航空、北京航空、中国国际航空内蒙古公司、中国国际货运航空有限公司和北京飞机维修工程有限公司。

（二）中国东方航空集团公司

中国东方航空集团公司（China Eastern Airlines）是以东方航空集团公司为主体、兼并中国西北航空公司、联合云南航空公司组建的国有大型航空运输企业。统一使用中国东方航空集团公司的标志，完成航空运输主业一体化；辅业另行重组，由集团公司统一管理。

1. 发展历史

前身可追溯到 1957 年 1 月原民航上海管理处成立的第一支飞行中队。经过持续的产业结构调整和资源优化整合，现已成为以航空运输及物流产业为核心，航空地产、航空金融、传媒免税、配餐饮食、贸易流通、实业发展、通用航空和产业投资等九大板块协同发展的大型航空产业集团。

1997 年成为首家在纽约、香港、上海三地上市的中国航企。

目前，东航运营的逾 600 架客货运飞机组成的现代化机队，主力机型平均机龄不到 5.5 年，是全球规模航企中最年轻的机队之一。

作为天合联盟成员，东航年旅客运输量超过 1 亿人次，位列全球第七；航线网络通达全球 177 个国家、1 062 个目的地，“东方万里行”的旅客可享受天合联盟 20 家航空公司的会员权益及全球 672 间机场贵宾室。

2014 年，东航旅客运输量继续保持强劲增长，全球排名已攀升至第七位，成为全球第七大航空公司。东航同时凭借 2014 年度出色的运营表现，在美国《航空周刊》发布的“全球航空公司最佳运营表现系列排名”中上升至全球第十五位，居中国航空公司之首。

2017 年 4 月 12 日，中国东方航空进出口有限公司与亚联公务机有限公司在上海举行战略合作框架协议签约仪式。双方表示，将加强战略互信，开展深度合作，共同开拓公务机市场。

面对未来，东航致力于打造“员工热爱、顾客首选、股东满意、社会信任”的世界一流航企，以精准、精致、精细的服务为全球旅客不断创造精彩体验。

2. 企业标志。

（1）旧标志。中国东方航空的航徽基本构图为圆形，取红蓝白三色。以寓意太阳、大海的上下半圆与燕子组合，表现东航企业形象。红色半圆，象征喷薄而出的朝阳，代表了热情、活力，且日出东方，与东方航空名称吻合；蓝色半圆，象征宽广浩瀚的大海，寓意着东航航线遍及五湖四海；轻盈灵动的银燕，象征翱翔天际的飞机，燕子也被视为东方文化的载体，体现了东方温情。燕子尾部的线条勾勒出东航英文名字“CHINA EASTERN”的 CE 两字。

（2）新标志。东航新的标志和新的视觉识别系统于 2014 年 9 月 9 日正式对外发布。东航新标志优化升级基于企业新的战略规划以及更加国际化的需要，新的标志最大程度地保留了原有的识别符号——飞翔的燕子、红蓝色搭配以及字体组合方式。新标志的中文字体仍旧沿用圆体，细微的变化在于英文字体从原来的直角无衬线字体变为新的圆角无衬线字体，与中文字体搭配更加统一。东航航徽最大的改动则是燕子的图形，新的设计将她彻底从圆形的笼子中解放出来。原来的燕子造型有不少直线，新设计则大部分改为圆弧，整体流线型的处理使她看上去更加舒展，仿佛看到一只挣脱束缚后奔向自由、奔向蓝天的燕子（见图 7 –2）。

3. 下属机场

（1）枢纽机场。上海虹桥国际机场、上海浦东国际机场、北京首都国际机场、南京禄口国际机场、昆明长水国际机场和西安咸阳国际机场。

（2）基地机场。南京禄口国际机场、青岛流亭国际机场、苏南硕放国际机场、北

新标志　　旧标志

图 7－2　东航新旧标志

京首都国际机场、武汉天河国际机场、成都双流国际机场、南昌昌北国际机场、石家庄正定国际机场、宁波栎社国际机场、太原武宿国际机场、合肥新桥国际机场、郑州新郑国际机场、兰州中川国际机场、温州龙湾国际机场、常州奔牛国际机场。

（三）中国南方航空（集团）公司

中国南方航空集团公司是以南方航空（集团）公司为主体、联合中国北方航空公司和新疆航空公司组建的国有大型航空运输企业。中国南方航空集团公司组建后，保留中国南方航空股份有限公司的名称，对原中国北方航空公司和新疆航空公司进行主辅业分离，将航空运输主业及关联资产规范进入中国南方航空股份有限公司，统一使用中国南方航空集团公司的标志，完成航空运输主业一体化；辅业另行重组，由集团公司统一管理。

1. 发展历史

中国南方航空的业务可追溯至 1950 年 5 月，中国民航局在广州设立南航的前身——军委民航广州办事处，并于 1959 年 1 月正式成立民航广州管理局，负责中南五省（广东、广西、湖南、湖北、河南）的航空客货服务。

1969 年，民航广州管理局组建运输服务队，开始管理及调配自己的机队。在改革开放前，一直实施半军事化管理。

1984 年，中国民航局进行重组，将其业务部门分拆为 4 个主要的航空公司，其中民航广州管理局下辖“中国南方航空公司”，并于 1991 年 2 月 1 日正式挂牌成立。

1992 年 12 月 20 日，中国民用航空局实施体制改革，中国南方航空公司与民航广州管理局正式分开，成为自主经营、自负盈亏的经济实体，直属中国民用航空局。原民航广州管理局改为民航中南管理局，不再进行民航的经营业务活动，仅从政策上对其进行监督与管理。

1993 年 1 月，中国南方航空公司被国家批准更名为“中国南方航空（集团）公司”，并以公司为核心企业组建中国南方航空集团。同年，南航还与波音签署了订购 6 架波音 777 客机的订单，包括 4 架 777－200 型及 2 架 777－200ER 型。

1997 年 7 月，公司成功在纽约及香港的证券交易所同步上市，募得超过 7 亿美元的资金。公司随后于 2003 年在上海证券交易所上市。

2000 年 7 月，中国民用航空局宣布，其直接管理的 10 家航空公司将整合为中国三大航空集团：中国国际航空、中国东方航空和中国南方航空。

2000 年 8 月 4 日，南航率先收购中原航空；次年又先后并入新疆航空、中国北方航空及其下属北亚航空和天鹅航空的国内业务。此外，南航还先后增持了中国众多航空公司的股票，为厦门航空（51%）及重庆航空（60%）的控股公司，并且是四川航空（39%）的股东之一。

2011 年 1 月 25 日，中国南方航空获 Sky Trax 颁授“四星级航空”证书，成为中国首个获评四星级的国有大型航空公司，也是目前营运规模最大的四星级航空公司；6 月 22 日，又获颁 Sky Trax2011 年度进步最快航空公司荣誉。同年南航先后新增奥克兰、第比利斯、温哥华等航点，其中广州—奥克兰航线为中国内地首条直飞新西兰的航线。而在中国—澳大利亚航线上，南航运力所占的份额已达 52%，成为国内中澳航线的最大承运人。

2011 年 10 月 15 日，中国南方航空公司在首都机场接收了第一架空客 A380，成为中国首家、全球第七家运营空客 A380 飞机的航空公司。

2013 年 6 月 2 日，中国南方航空公司在广州新白云机场接收了中国第一架从西雅图艾弗雷特机场发出的波音 787，这意味着南航是中国首家运营波音 787 飞机的航空公司。

2017 年南航与美国航空联姻，美国航空入股。

2. 企业标志

南方航空（集团）公司视觉识别系统是由标志、中英文标准字体、标准色彩、吉祥物和辅助图形五部分构成（见图 7－3）。

中国南方航空
CHINA SOUTHERN AIRLINES

图 7－3　南航标志

木棉花是中国南方特有花卉，木棉花树干挺拔高大，每年开春，木棉花先于树叶开放，花朵硕大，红艳艳布满枝头，远望近观，皆富情趣。在中国南方人心目中，木棉花象征高尚的人格，人们赞美它，热爱它，广州市民还把她推举为自己的市花，视为图腾。

南方航空（集团）公司选择木棉花作为航徽的主要内容，一方面是因为公司创立时总部设在广州，木棉花航徽既可以显示公司的地域特征，也可顺应南方人民对木棉花的喜爱和赞美。另一方面是因木棉花所象征的坦诚、热情的风格，表示自己将始终以坦诚、热情的态度为广大旅客、货主提供尽善尽美的航空运输服务。

3. 下属机场

主运营基地。广州白云国际机场、北京首都国际机场。

其他基地。深圳宝安国际机场、揭阳潮汕国际机场、粤西国际机场、厦门高崎国际机场、沈阳桃仙国际机场、乌鲁木齐地窝堡国际机场、武汉天河国际机场、郑州新郑国际机场、大连周水子国际机场。

二、三大服务保障集团

（一）中国民航信息集团公司

中国民航信息集团公司是以民航计算机信息中心为主体，将中国航空结算中心整体并入而组建的国有企业，资产总额47亿元人民币。中国民航信息集团公司成立后，适时将中国航空结算中心的主业及关联资产，规范进入中国民航信息网络股份有限公司。

中国民航信息集团公司（简称，中国航信集团公司，Travel Sky Holding，CTH），集团正式组建于2002年10月。

2001年2月在香港联交所主板挂牌上市交易。

到目前为止，中国航信下属12家分公司、18家附属公司、8家联营公司，服务的客户包括近30家国内航空公司以及近200家地区及海外航空公司，国内147家机场以及近7 000家机票代理人，服务范围覆盖到300个国内城市、80个国际城市，并通过互联网进入社会公众服务领域。

中国航信的主营业务是面向航空公司、机场、机票销售代理、旅游企业及民航相关机构和国际组织，全方位提供航空客运业务处理、航空旅游电子分销、机场旅客处理、航空货运数据处理、互联网旅游平台、国际国内客货运收入管理系统应用和代理结算清算等服务，是目前航空旅游行业领先的信息技术及商务服务提供商。

（二）中国航空油料集团公司

中国航空油料集团公司是在中国航空油料总公司基础上组建的国有大型航空运输服务保障企业，资产总额152亿元人民币。

中国航空油料集团公司（以下简称“中国航油”）成立于2002年10月11日，是国内最大的集航空油品采购、运输、存储、检测、销售和加注为一体的航油供应商，是国务院国有资产监督管理委员会管理的中央企业，是国务院授权投资机构和国家控股公司试点企业。

中国航油控股、参股17个海内外企业，构建了遍布全国的航油、成品油销售网络和完备的油品物流配送体系，在全国160多个机场拥有供油设施，为全球190多家航空客户提供航油加注服务，在25个省、市、自治区为民航及社会车辆提供汽柴油及石化产品的批发、零售、仓储及配送服务，在长三角、珠三角、环渤海湾和西南地区建有大型成品油及石化产品的物流储运基地。

中国航油拥有海内外投资企业19个，其中全资、控股公司10个，参股公司9个，现有员工近万人，主要成员单位包括中国航空油料总公司、中航油津京管道运输中心、北京中航油建筑工程设计研究院、北京航油工程咨询公司、中航油大厦管理中心和中国航油（新加坡）股份有限公司（75%股权）等。

公司构建了遍布全国的航油销售网络和完备的油品配送体系，在全国140多个机场拥有供油设施，为全球180多家航空公司提供供油服务。拥有专用卸油码头15个，1 000多公里的输油管线和约100公里的铁路专用线，34艘油轮，85座地面加油站，总储油能力为218万立方米。集团持续保持安全生产“零事故、零伤害、零污染”的良好态势。

2011年《财富》杂志发布的“世界企业500强”中排名第431位。

（三）中国航空器材进出口集团公司

中国航空器材进出口集团公司是在中国航空器材进出口总公司基础上组建的国有企业，资产总额19亿元人民币。

中国航空器材进出口集团公司（简称“中国航材”）是国务院国有资产监督管理委员会监管的中央企业。公司的前身是中国航空器材公司，1980年10月经国家进出口管理委员会批准成立，是中国民航系统成立的第一家公司。2002年10月，民航运输及服务保障企业联合重组，中国航空器材进出口集团公司作为六大航空及保障集团公司之一，经国务院批复正式组建。2007年12月更名为中国航空器材集团公司。

中国航材是国内最大的、中立的第三方航材保障综合服务提供商，在国际航空市场具有较高的知名度和良好的市场品牌形象，与国内各航空公司及波音、空客等国外飞机制造厂商保持着密切的合作；具有遍布全国的航材分销网络，致力于优化行业航材资源配置、打造全行业的航材共享平台。

中国航材确立了“成为航空业界不可替代的、以航空器材保障为主业的特殊性综合服务提供商”的愿景目标，以及“四强两精”的总体发展思路：努力做大做强飞机批量采购业务、飞机租赁业务、航材分销与共享业务、通用航空业务；努力做精做优维修与制造、地面设备与工程两个领域中的细分业务。

中国航材始终秉承“诚信进取创新共赢”的企业精神，加快重点业务平台建设，全面推进做强做优，努力打造价值航材，为实现国有资产保值增值、成功建设民航强国做出更大的贡献。

通过不断改革，民航政企不分的格局已经改变，新的行业管理体制正在建立，企业的市场主体地位得到确立，全方位、多层次的对外开放格局基本形成。改革的不断深化，极大地促进了民航生产力的提高和航空运输的持续快速增长。

第三节　中国成为世界民航大国

一、中国民航“十三五”期间发展预期

2015年是“十二五”的收官之年。从统计数据上看，中国航空运输规模位居全球第二。在此期间，中国民航完成运输总周转量约3 457.5亿吨公里，年均增长率9.6%；旅客运输量18亿人次，年均增长率10.4%；民航运输飞机从1 600架增至2 648架，

增长率达65.6%。就数据而言，中国民航大国的地位已经毋庸置疑。

“十三五”期间，中国民航规模不仅更大，而且将有众多指标走向全球最大。

预计“十三五”期间，中国民航出行规模将超越美国成为全球最大。民航运输已经成为大众化的出行方式。近年来，中国民航出行规模保持两位数的增长率，远超美国3%左右的增长率。

预计“十三五”期间，首都机场将超越亚特兰大机场，成为全球旅客运输量最大的机场。过去十年，首都机场旅客运输量复合增长率高达7%，亚特兰大机场仅1.8%。

预计“十三五”期间，北京新机场将成为全球体量最大的以机场为核心的综合交通枢纽。北京新机场首期规划建设用地40平方公里，综合交通枢纽建筑面积将超过200万平方米，超过以机场为核心的全球综合交通枢纽典范希斯罗机场。

预计“十三五”期间，首都机场第三航站楼将维持全球单体最大航站楼的地位（首都机场第三航站楼总建筑面积98.6万平方米）。

预计“十三五”期间，中国将成为千万级以上机场数量最多的国家（当前美国有36个，中国有26个）。

二、建设民航强国势在必行

欧美发达国家的先进经验确实给中国民航业注入新鲜的血液，推动中国民航近二十年的加速发展。而现在中国民航发展的列车已经驶入超速带，一定程度上，某些方面在国际已经没有了可借鉴的标杆，中国充分认识自身已经具备建立优秀发展模式的能力和机会，扛起开拓者和创新者的大旗，在全球范围内树立中国典范。

（一）从民航“输入国”转为“输出国”

全国机场的大建设，使得中国在机场基础设施建设方面积累了相当多的经验，并建立起民航运输投入与地方区域经济互动发展的良性循环体系。“一带一路”战略和非洲发展战略，是实现这些优秀经验、管理理念、技术标准、产品装备向外输出的重要机遇。

（二）建立综合交通枢纽企业化管理模式

以方便旅客在不同交通方式间的换乘、提升交通效率、实现区域经济发展为目标的综合交通枢纽，在中国正如火如荼地建设。这将是中国建立巨型综合交通枢纽管理模式的契机，通过组建综合交通枢纽管理公司，利用信息技术将综合交通枢纽的规划、设计、建设、组织、运营和管理全过程一体化，并形成具有国际示范作用的标准模式。

（三）优化符合国情的航线网络体系及机场体系

中国的航线网络已经形成以“高频、直航”为特点的“城市网络”模型。未来通过继续强化点对点型城市网络和基于城市群或经济区下的机场布局，能够建立起功能划分、等级层次和空间布局等方面合理高效的优质机场体系。

（四）民航智慧化程度将走向世界前列

建设智慧机场在民航业内已经形成共识并开始实践。以首都机场为例，在智慧安全方面，通过智能门禁、智能监控、RFID、生物识别、GPS定位等技术，实现对机场人员、车辆、飞行器和行李等目标的统一标识和数字化处理。智慧运营方面，启动了A-CDM项目建设，借用信息集成技术使原本孤立的空管、航空公司和机场的系统信息全面集成，搭建机场统一的信息平台。智慧服务方面，将以定位、识别和无线传输为基础，以互联网、社交网络、智能手机终端、航站楼自助服务终端为媒介，实现以人为本的个性化服务。最终构建起一整套世界先进水平的智慧化服务体系。

（五）旅客体验将走向世界前列

旅客体验的提升很大程度上取决于机场的智慧化程度，先进的智慧化技术在中国机场中得到应用。在理念层面，许多机场和航空公司已经将提升旅客体验纳入战略规划。在地面交通的无缝衔接、旅客流程的顺畅、行李流程的便捷等和旅客体验密切相关的环节将在“十三五”期间大刀阔斧地开展建设。

（六）安全保障走向世界前列

安全监管和保障是民航之本，目前中国基本安全保障已经达标，“十二五”期间中国民航的安全保障水平已经优于世界平均水平。“十三五”期间，相信在难度较高的应急救援和反恐应急工作上将有大的提高。

三、民航强国建设之路，顺应趋势，开拓创新

中国民航具备众多良好的机会和优秀的品质，中国有能力而且应当承担起民航大国的责任。

（一）推动中国民航“走出去”“输出去”

中国民航实现真正输出充分依赖于机遇、自身标准、技术的成熟，可以从以下几方面着手：首先，抓住双边或多边航空运输协定，以及“天空开放”政策的良好机遇，建立符合国际民航要求的中国式对外开放规则；其次，提高适航审定能力与技术标准，实现国产飞机、空管设备、技术的对外销售；最后，配合国家对外援助与基础设施建设国际化的发展战略，推动中国机场建设与运行管理技术向“一带一路”沿线国家的输出。

（二）推动综合交通枢纽管理公司的成立

首先，要将民航纳入整个大的交通体系进行统筹规划，协调民航与铁路、公路、水路等运输方式的政策和技术标准，建立综合交通运输公共信息服务平台，实现联网售票和信息服务。

其次，将枢纽机场的发展与高速铁路、城市轨道交通的发展相结合，加快客运枢纽、重点物流园区和集疏运体系建设，让各种运输方式之间的换乘更加便捷顺畅。

再次，推动综合交通枢纽管理公司的成立，建立各种交通类型与发改委、国土部等部门的综合协调机制，实现跨运输方式的联动协调。

（三）因地制宜调整各机场发展目标

“十三五”期间民航发展应统筹地区民航发展与区域经济社会发展的深度融合，以城市网络模型为基础，科学规划航线网络，明确机场定位，区分并强化旅游城市机场和商务城市机场服务功能，构建以国际枢纽机场和国内干线机场为骨干，支线和通勤机场为补充的航线网络；以各省省会等二线城市为支点，打造区域航空枢纽，促进干支航线航班衔接，增加支线机场通达性，进一步加快中西部和支线航空市场发展，推动形成错位发展、优势互补、互利共赢的机场群。

（四）全国智慧机场建设的开展

智慧机场体现在：一方面，机场同所在城市、港口、政府及其他模块结合在一起，通过实时信息的收集、各个单位的深度合作、全机场统一的策略规划，提高机场运营的效率、旅客的体验以及机场的安全系数。另一方面，通过收集旅客信息，提供个性化的服务，将旅客体验提升到一个全新的高度。同时在这个过程中，航班、零售商、燃料供应商、普通供应商都将从中获益。

（五）促进机场非航多元化发展

依托核心枢纽机场的优势，集零售、酒店、产业园、物流或者主题乐园等具备综合性特征的航空城面临发展机遇。在经济全球化下，航空城发展应该摒弃原来单一以空港物流配套的开发模式，在充分了解地缘经济与产业情况下，进行综合开发，注重区域价值，做好产业布局，与机场、城市甚至当地产业交相呼应，打造更为节约化、效率化和精细化的新型航空城产品。同时，借助混合所有制改革的大潮，引进多种所有制主体，促进机场非航多元化发展。

（六）保护机场的市场化地位不动摇

依托“特许经营”与“外包管理”加速平台建设，实现机场区域的产业升级与聚集；构建公开透明的市场环境，进一步减少行政审批项目，简化行政审批程序；建立航线航班以及资源配置多方参与机制，做到资源公开、规则公开、过程公开和结果公开；建立灵活、有效的行业进入与退出机制；建立由市场配置航线航班资源机制，实行航线资源的有偿使用。

（七）深化市场化改革

积极发展混合所有制经济，非公有制经济可以通过交叉持股与国有企业优势互补；

国有资本投资项目允许非公有资本参股，非公有制经济将共享发展红利；破除各种形式的行政垄断，将民营资本的存量调动起来，和公有资本形成国民共进、国民共赢的形势。

尤其在无人机、通航、低成本航空、航空货运等起步和亟须变革的领域，需要激发多种所有制助推发展。

综上所述，中国民航未来之路，大而优则强！

第四节 民用航空飞机的发展

一、民用航空飞机的分类

（一）国际标准

（1）旅客机按照航程的远近可以分为：短程——<3 000km；中短程——<5 000km；中程——3 000～8 000km；中远程——>5 000km；远程——>8 000km。

（2）按发动机分类：活塞式飞机：1958 年以前，航线上主要使用；喷气式飞机：1958 年以后，航线上主要使用。

（3）按照机身宽度可分为：窄体客机：直径在 3.75 米以内，机内只有一条通道。宽体客机：机身直径在 3.75 米以上，机内有多条通道。

（二）中国的分类方法

干线客机。使用于国际航线和国内主要大城市之间主干航线上的客机，一般在 100 座以上。

支线客机。用于大城市和中小城市在一定区域内飞行的客机，一般在 100 座以下，航程在 3000 公里以内。

（三）通用航空飞机

公务机、私人飞机、农业机、教练机和多用途轻型飞机。

二、空中客车公司

空中客车公司（AIRBUS）是业界领先的飞机制造商。目前已牢固地掌握了全球约一半的民用飞机订单。空中客车公司总部设在法国图卢兹。

空中客车公司由欧洲宇航防务集团拥有。该公司是一家全球性企业，全球员工约 54 000 人，在美国、中国、日本和中东设有全资子公司，在汉堡、法兰克福、华盛顿、北京和新加坡设有零备件中心，在图卢兹、迈阿密、汉堡和北京设有培训中心，在全球各地还设有150多个驻场服务办事处。空中客车公司还与全球各大公司建立了行业协作和合作关系，在30个国家拥有约1 500名供货商组成的网络。

空中客车公司的现代化综合生产线由非常成功的系列机型（由107座到525座）组成：单通道的A320系列（A318/A319/A320/A321）、宽体A300/A310系列、远程型宽体A330/A340系列、全新远程中等运力的A350宽体系列，以及超远程的双层A380系列。空中客车公司已经售出了9 800多架飞机，拥有超过300家客户运营商，自从1974年首次投入运营以来，已经交付了6 700多架飞机。

（一）空客A320系列

空客A320系列飞机包括四款机型（A318，A319，A320，A321），是空中客车公司最成功及最多样化的飞机系列。拥有100～240座的多样化客舱布局（见图7－4、图7－5、图7－6、图7－7）。

图7－4　空客A318

图7－5　空客A319

图7－6　空客A320

图7－7　空客A321

空客A320作为航程最远的单通道飞机，是第一款使用电传飞行控制系统的民航飞机。随着配备了全新的鲨鳍翼梢小翼和高度创新客舱的新成员——选装新型发动机的A320 NEO系列飞机的问世，空中客车公司每年3亿欧元的研发投入不断取得新成果。

A320 系列飞机的足迹已经遍布全球各个目的地，全球平均每 2 秒便有一架 A320 系列飞机在起降。

（1）A320 型。1979 年 7 月，欧洲空中客车工业公司宣布 A320 型客机方案，1987 年 2 月 22 日第一架飞机首次试飞，1988 年 2 月获适航证并交付使用，主要型号：

A320—100 型：基本型，1988 年首次交付法国航空公司。

A320—200 型：远程型，与 100 型飞机的区别是采用中央翼油箱、增加了有效载重和航程。第一架于 1988 年 7 月交付安塞特航空公司使用。

（2）A321 型。从 A320 直接派生的加长型，与 A320 相比，增加 24% 的座位和 40% 的空间，在机翼前后各增加两个应急出口，对机翼进行局部加长，1993 年 3 月 11 日首航。主要型号有：

A321－100 型：基本型。

A321－200 型：加大航程型，1995 年 4 月启动该项目。

（3）A319 型。从 A320 直接派生的缩短型，与 A320 相比，机身短 3.73 米，机翼上应急出口减少一个，机身后部散货舱取消，于 1995 年 8 月首飞，主要型号有：

A319 型：基本型。

A319CJ 型：公务机型。

（4）A318 型。1994 年 4 月 26 日，正式推出 A319 的缩短型百人座客机 A318。A318 继续保持与 A320 系列的通用性，为客户提供全新的百座级客机的选择。2002 年 1 月 15 日首飞。

（二）空客 A300 型

空客 A300 型飞机为中短程宽体客机，A310 和 A300－600 构成了空客非常著名的宽体姐妹系列，在共通性、经济性和可靠性方面为运营商提供了一个无可匹敌的完美组合。

（三）空客 A310 型

空客 A310 型飞机是在空客 A300 基础上研制的 200 座级中短程双通道宽体客机。机身缩短，设计了新的机翼，采用双人机组。A310 是空中客车飞机家族发展的开始。其中，A310－300 客机属中远程客机。

（四）空客 A330 系列

空客 A330 系列是高载客量的中长程宽体客机，与四引擎的 A340 同期研发。机翼与机身的形状与 A340 几乎相同。在机体方面，其设计取自 A300，但其机头前部、驾驶室及电传操纵则是取自 A320。

A330－200 型是 A330 的远程、短机身型，从机身较长的空中客车 A330－300 型衍生出来的。

（五）空客 A340 系列

空客 A340 系列是在分析世界主要航空公司 90 年代需求后，于 1986 年 1 月宣布研制的两种先进双过道宽机身客机。

A340－200 型飞机为 A340 最初的远程型飞机。

A340－A313X 型飞机是 A340 的较高总重量型号的飞机。

A340－500 型飞机侧重于航程，声称将是世界上航程最远的民航飞机，将超越现有的 A340－200 型飞机。

A340－600 型的机身比空中客车 A340－300 型长超过 10 米，令其成为历史上最长的客机，比波音 747－400 型飞机长超过 4 米。

（六）空客 A350 系列

空客 A350XWB 双发宽体客机树立了未来航空旅行的新标准，是空中客车公司全新一代产品，可以更好地满足航空市场对飞机载客量、航程、盈利能力、乘坐舒适度以及环保等多方面的需求。

A350－800 型飞机：276 座级，专为远程点对点航线打造的尺寸合适、经济性最好、效率最高的客机。

A350－900 型飞机：315 座级，异常出色的燃油经济性树立了未来客机效率的新标杆。

A350－1000 型飞机：369 座级，A350XWB 系列中尺寸最长的机型，运营成本与同级别飞机相比可降低 25%。

（七）空客 A380 系列

A380 型双层客机是目前全球最大的商用客机。全球航空客流量平均每 15 年就会增长一倍，A380 飞机具有两层宽体客舱，这意味着其比最大的双发飞机能多出一个飞机的客舱空间。拥有比其他飞机更多的座位数，A380 飞机能有效缓解拥堵，并能搭载额外 60% 的旅客，为解决机场拥堵问题、机队计划优化和不断增长的客流量提供了最佳解决方案。此外，还具有良好的环保特性。

如今 A380 平均每天执飞 300 多架次商业航班，相当于全球平均每 2 分钟就有一架 A380 飞机在起降。主要机型包括：A380－800 型；A380－800F 型；A380－700 型；A380－900 型。

（八）空中客车公务机系列

从空客 ACJ318 到全双层的 ACJ380，空中客车公务机为客户提供满足他们不同需求的各种机型的多样选择。

空中客车公务机系列包括 ACJ318，ACJ319，ACJ320，拥有多功能客舱，其外观大小与传统公务机类似，但内部宽度是其两倍。这一特性使得 ACJ318，ACJ319，ACJ320 成为新标准。

这三款机型从空中客车最受欢迎的 A320 系列衍生而来，空中客车 A320 系列飞机至今已成功获得超过7 000架飞机订单，330多家客户及用户。不论空客公务机飞往世界何处，都会有A320系列飞机的身影。

空中客车飞机的零部件在世界各地生产，并在中国、法国和德国进行组装，集结了全球最优秀的航空工业企业，是全球现代化的公务机，为乘客舒适度及效率设立业界新标准。

（九）空中客车公司的货机系列

空中客车公司在货机市场上取得的成功可以追溯到公司成立伊始。空客的创始人为最初的A300B飞机选定了5.6米的机身宽度，是在A300客机基础上衍生的。A300货机的主货舱可以采取双排货舱装载构型，下货舱可以并排摆放LD－3型集装箱。A300F4－600R货机是A300货机系列中的最新机型，同时也是业界最畅销的中程货运机型。空客一共交付了104架该机型货机。A300F4－600R货机的成功使得空客货机系列的许多特性在业界得到推广，尤其是多功能主舱货物装载系统（见图7－8）。

图7－8 空客货机

中国于1985年引进第一架空中客车飞机。1994年，空中客车中国有限公司成立，并在北京设立了办事处。

空中客车公司建立了全面而集中的售后服务机制，在中国多个城市派驻了客户服务和技术支持服务站。2005年7月，空客（北京）工程技术中心在北京正式启用。2007年6月28日，空中客车与中方联合体正式签署了空中客车A320系列天津总装线合资企业合同。根据合同，空中客车持有合资企业51%的股份，中方联合体持有49%的股份。2008年9月28日，空客天津总装线正式投产。2009年6月23日，空客天津总装线完成总装的首架飞机交付客户。

三、波音公司

波音公司（BOEING）是世界领先的民用和军用飞机制造商。就销售额而言，波音公司是美国最大的出口商之一。

波音公司有着创新的传统。不断扩大产品线和服务，满足客户的最新需求，包括开发更高效的新机型，通过网络整合军事平台、防御系统和战斗机，研发先进的技术解决方案，制定创新型的客户融资方案。

波音公司的总部位于芝加哥，在美国境内及全球70个国家共有员工超过17万人。这是一支非常多元化，人才济济且极富创新精神的队伍。员工中超过14万人拥有大学学历，其中近3.5万人拥有更高学历，他们来自全球约2 700家大学，几乎涵盖了所有商业和技术领域的专业。波音公司非常重视发挥分布在全球供应商中人才的能力，他们技术娴熟，经验丰富，为波音产品与服务的成功与进步贡献着力量。

（一）波音民航机家族

波音707是美国波音公司在20世纪50年代研制的四发喷气式民航客机。它是商业民航客机的典范，缩短了洲际旅行的时间，提高旅客在旅行中的舒适程度，给美国民用航空带来一次革命性的变化。

波音717是波音公司的100座级短程双发喷气式客机，波音717的前身是美国原麦克唐纳·道格拉斯公司的MD－95（麦道公司被波音公司并购前），MD－95是MD－80系列的衍生机型，属于道格拉斯DC－9基础上改进的第三代衍生机型。1997年，麦道公司被波音公司并购后，波音公司继续MD－95的计划，并且在1998年将其改名为波音717。

波音727是美国波音公司研制的三发（动机）中短程民用客机。波音727是波音公司继波音707后的第二种喷气式客机。在机身尾部装备三台喷气式发动机（类似英国三叉戟客机的设计）。波音727主要用于中短程内陆航线。

波音737系列飞机是美国波音公司生产的一种中短程双发喷气式客机。波音737主要针对中短程航线的需要，具有可靠、简捷，且极具运营和维护成本经济性的特点。根据项目启动时间和技术先进程度分为传统型737和新一代737。主要型号有：波音737－100型和波音737－200型：由于机龄太老，中国民航已没有这两种机型；波音737－300型：简称B733，为基本型；波音737－400型：简称B734，为加长型；波音737－500型：简称B735，为缩短型。

新一代波音737的设计卓越，机翼面积增大25%，燃油容量提高30%，气动效率提升22%，使其飞得更高、更快、更远。先进的翼梢小翼技术，增加航程和业载，改善起降性能，降低油耗和发动机维修成本，减少噪声，提高飞机市场残值，使飞机外观与众不同。新一代737是第一种应用100%三维数字化设计和制造技术同步设计出多种型号的单通道飞机系列：波音737－600型，简称B736：两级客舱，110名乘客；波音737－700型，简称B73G：两级客舱，126名乘客；以上两个机型区别为机身长度和随之而变化的窗口分布；波音737－800型，简称B738：除了加装小翼以外，其他部分的外形特征与普通738相同。两级客舱，162名乘客；波音737－900ER型，简称B739：是737NG系列机身最长的一款。两级客舱，180名乘客。

波音737MAX型。全新737MAX采用的“先进技术”翼梢小翼是现有飞机小翼中效率最高的。首架737MAX飞机是在华盛顿州的伦敦组装的，符合空气动力学原理的流线型整流罩是可在飞机组装时选装的Ku波段卫星通信天线。在当今世界，时刻保持互联体现出越来越大的重要性，人们期待并依赖于随时随地轻松连接到互联网宽带——包括在搭乘飞机的旅途中。

波音747型是美国波音公司研制、生产的四发动机远程宽体民用运输机，是首架宽体喷气式客机，是研制与销售都很成功的民航客机。波音747飞机投入运营以来，一直是全球最大的民航机，垄断着民用大型运输机的市场，这种情况直到竞争对手空中客车A380大型客机的出现。主要型号有：波音747－100型，简称B741：体形大，四发动机；波音747－200型，简称B742：外形特征和741一模一样，机身长度也一样；波音747－300型，简称B743：其上层比B742长，舱门位于上层中部。这也是743，744与741，742从外观上的主要区别；波音747－400型，简称B744：有小翼；波音747－400型货机，简称B744F。

新一代波音747－8型和747－8型货机。与747－400相比，机体70%采用全新材料，最新的机翼设计，全新的整合斜梢式翼梢，全新的GEnx－2B发动机，更清洁，更干净，燃油效率更高，前后货舱分别多搭载两个货盘和两个LD－1/LD－3集装箱，多搭载51名乘客。

波音757型是波音公司生产的200座级单通道双发（动机）窄体中程民航运输机。主要型号有：波音757－200型，简称B752，机身瘦长；波音757－300型，简称B753。

波音767是波音公司生产的双发（动机）半宽体中远程运输机。波音767的客舱采用双通道布局，用来与空中客车A300/A310系列竞争。主要型号有：波音767－200型，简称B762：机身粗且短；波音767－300型，简称B763；波音767－400型，简称B764。

波音777型是美国波音公司研制的双发中远程宽体客机。波音777首飞时是民用航空历史上最大的双发喷气飞机。它整合了机载系统、先进的材料、空气动力性能以及世界上最强大的喷气发动机，成为最可靠的现役双通道飞机，机翼具有高展弦比，更高的空气动力效率，斜削式翼梢小翼，先进的“超临界值”翼剖面，燃油效率提升。比垂直翼梢小翼质量更轻的选择，优化发动机整合，使用先进的计算工具设计出短舱与机翼的最优组合。主要型号有：波音777－200型，简称B772；波音777－300型，简称B773，772和773的主要外形区别就是长度和随之而变化的舱门数量。

波音787型又称为“梦想飞机”（Dreamliner），是波音民用飞机集团（BCA）研制生产的中型双发（动机）宽体中远程运输机，波音787梦想飞机是波音公司1990年启动波音777计划后14年来推出的首款全新机型。主要型号有：波音787－8型：二级客舱构型，242名乘客；波音787－9型：二级客舱构型，290名乘客；波音787－10型：二级客舱构型，330名乘客。

（二）波音公务机家族

波音公务机将商业航空最好的产品带入私人航空旅行领域，为个人、企业和政府客户提供广泛的、可定制的、独特的公务机产品。这些飞机卓越的特性，加上专门为私人飞机市场而进行的内饰装修，可以提供更大、更多的私人空间以及无与伦比的可靠性和全球支援。如今人们在航空旅行时，希望获得并使用他们在地面时所使用的办公室、卧室、浴室、餐厅和娱乐区等设施。波音公务机可以在空中提供这一切。

BBJ 系列：BBJ，BBJ2，BBJ3。

BBJMAX7 是世上最受青睐的大型公务机 BBJ 的换代产品，也是 BBJMAX 系列的最新成员。BBJMAX7 是尺寸、性能和效率的完美融合，它比原来的 BBJ 飞机略长一些，更多的客舱空间，腹部货舱容积也更大。另外，由于使用了效率更高的 LEAP－1B 发动机，不需要占用更多的货舱容积来安装辅助油箱，就可以满足各种飞行航程的需要。BBJMAX7 继承了已推出的 BBJMAX8 和 BBJMAX9 的所有功能，包括更现代的驾驶舱，改进的空气动力性能，更低的噪音剖面和电传操作的扰流板。新的 BBJMAX7 比 BBJ 的客舱空间更大，性能更强，但运行成本是所有 BBJ 飞机中最低的。

BBJMAX8 与 BBJMAX9 飞机的价值受到私人客户、政府、包机运营商和企业的一致认可。迄今为止，已售出 150 多架 BBJ。遍布全球的 BBJ 用户在第一时间体验了该公务机独特的内部空间、航程能力及可靠性组合。全新 BBJMAX8 和 BBJMAX9，通过航程能力的增加，进一步巩固了 BBJ 系列飞机的市场主导地位。

波音 787 公务机分别有两个型号 BBJ787－8 和 BBJ787－9：BBJ787 是波音公司近百年飞机设计和制造的结晶。通过将新的轻型材料和数十年的工程经验结合起来，它拥有超长航程，宽体机的空间，以及无与伦比的客舱环境，波音 787 是独一无二的飞机。

波音 777 公务机为双发飞机提供了一个新的定义。它不仅以舒适著称，还能够执行各种富有挑战性的超远程飞行任务，事实上，在 1.8 万公里的飞行中，BBJ777－200LR 创造了民用飞机不经停直飞的飞行距离纪录。包括两个机型：BBJ777－200LR 和 BBJ777－300ER。

波音 747－8 公务机被称为“空中女王”。BBJ747－8 将技术创新的传统延续到了 21 世纪。该机型拥有非凡的客舱空间、无与伦比的定制潜力以及极为出色的航程。

（三）波音民用货机系列

随着对整体货机解决方案的需求增加，波音生产以及改装货机都已就绪，可以完美满足快运及工业货运运营商的需求。从大容量的 747－8 货机到远程的 777 货机，以及全新 737－800 波音改装货机（BCF），波音货机家族提供了无可替代的能力、性能，以及经济性（见图 7－9）。

波音一直是服务于中国民航运输业发展的忠实合作伙伴。1972 年，尼克松总统历史性的访华将波音飞机引入中国市场。自此，波音与中国各航空公司、航空工业界、

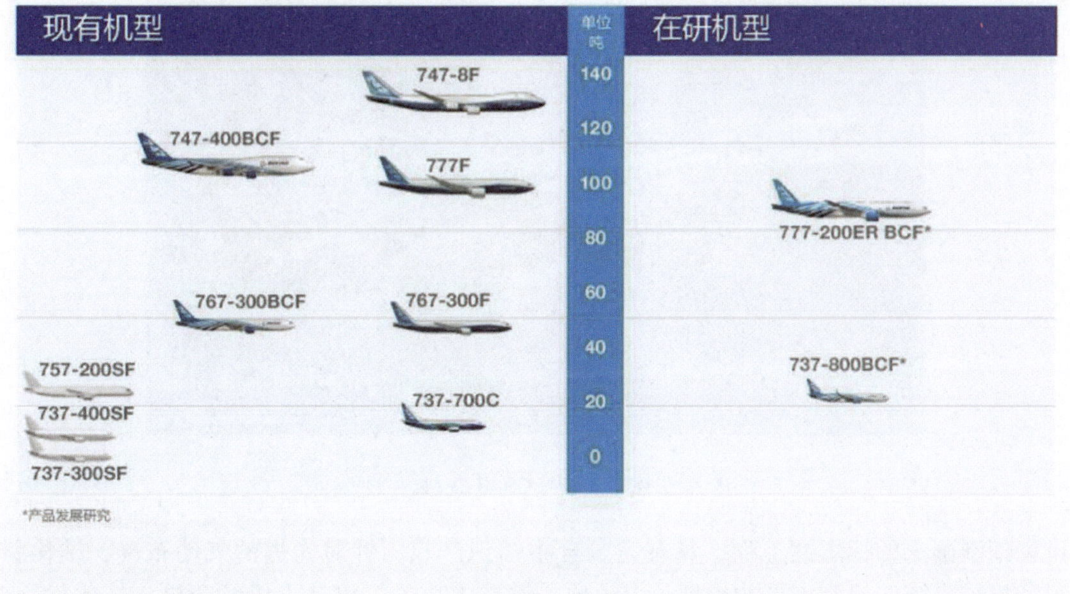

图7-9 波音货机家族

中国民用航空局及中国政府建立了持久稳定的合作关系。波音与中国间互惠互利的合作关系源远流长。

1916年，波音聘请的第一位工程师王助来自中国，他帮助设计了波音首款获得商业成功的飞机——C型双翼机。王助先生后来返回中国，为中国航空业的早期发展发挥了重要作用。

波音与中国的互惠合作传统一直延续至今。波音预测未来20年内，中国将需要6 020架新飞机，总价值达8 700亿美元。借此，中国将成为波音民用飞机最大的客户。同时，波音在中国投资巨大，而且是中国航空制造业最大的海外客户。

四、中国制造的C919飞机

（一）C919首飞

C919中型客机（COMACC919）是中国首款按照最新国际适航标准研制的干线民用飞机，于2008年开始研制。基本型混合级布局158座，全经济舱布局168座、高密度布局174座，最大载客量190座，标准航程4 075公里，最大航程5 555公里。2017年1月，C919进入首飞准备阶段；2017年5月5日，C919在浦东机场首飞（见图7-10）。

（二）C919的来历

C是China的首字母，也是商飞英文COMAC的首字母，第一个“9”的寓意是天长地久，“19”代表的是中国首款中型客机最大载客量为190座。C919中型客机是建

图 7－10　C919 飞机

设创新型国家的标志性工程，具有完全自主知识产权。针对先进的气动布局、结构材料和机载系统，研制人员共规划了 102 项关键技术攻关，包括飞机发动机一体化设计、电传飞控系统控制律设计、主动控制技术等。先进材料首次在国产民机大规模应用，第三代铝锂合金材料、先进复合材料在 C919 机体结构的用量分别达到 8.8% 和 12%。截至 2015 年 10 月，C919 中型客机国内外用户数量为 21 家，总订单数达到了 517 架。2015 年 11 月 2 日，C919 中型客机首架机正式下线。

（三）客舱布局

C919 的客舱布局为全经济级、混合级、高密度级三种客舱布置构型，客舱段全长 29 米。全经济级为 168 座，排距 0.8 米。混合级 156 座，公务舱 3 排 12 座，排距 0.9 米，经济舱 144 座，排距 0.8 米。高密度级 180 座，排距 0.7 米，公务舱每排 4 座，经济舱每排 6 座。服务员座椅共 4 座，前服务区 2 座，后服务区 2 座。

（四）首次订单量

截至目前，C191 的订单见表 7－1。

表 7－1　C919 的订单情况

航空公司	架	隶　　属
中国国际航空	20	
中国东方航空	20	
中国南方航空	20	
海南航空	20	
四川航空	15	
河北航空	20	

续表

航空公司	架	隶　属
幸福航空	20	
国银金融租赁有限公司	15	国家发展银行旗下租赁公司
美国通用租赁公司 GECAS	20	美国通用公司旗下租赁公司
工银金融租赁有限公司	45	中国工商银行旗下租赁公司
平安国际融资租赁公司	50	
交银金融租赁有限公司	30	交通银行旗下租赁公司
中国飞机租赁有限公司	20	香港的一家飞机租赁公司
中银航空租赁私人有限公司	20	中国银行旗下租赁公司
农银金融租赁有限公司	45	中国农业银行旗下租赁公司
建信金融租赁股份有限公司	50	中国建设银行旗下租赁公司
招银金融租赁公司	30	招商银行旗下租赁公司
兴业金融租赁公司	20	兴业银行旗下租赁公司
华夏金融租赁公司	20	
德国普仁航空公司	7	
泰国都市航空	1	

练习题

1. 简述广州白云国际机场航站楼概况。
2. 简述上海浦东国际机场候机楼的布局。
3. 简述中国三大航空集团公司之一的历史发展。
4. 概述中国航空油料集团公司的配送体系。
5. 简述中国航空集团公司标志设计理念。
6. 如何规划建设智慧机场？
7. 如何推动中国民航“走出去”“输出去”？
8. 简述波音 737 系列。
9. 对比波音 787 系列与空客 A380 系列各自的优势。
10. 简述 C919 名称的来历。

第八章　民航乘务员的发展历程及职业要求

教学目标

1. 了解世界最早的运输公司的出现及发展。
2. 了解空中乘务员的出现及转变。
3. 熟知亚洲运输公司的出现及乘务员的发展。
4. 了解中国最早的民航乘务员。
5. 熟知新中国成立以后的乘务员发展过程及十八姐妹。
6. 了解民航管理局的成立和地区。
7. 了解招收民航乘务员方式的转变。
8. 明确民航乘务的概念。
9. 了解民航乘务的工作特点。
10. 熟知民航专业术语。

第一节　航空乘务员的起源

一、航空运输公司的出现

（一）英国飞机运输和旅行公司

1916 年，英国飞机运输和旅行公司成立，这是世界上第一家飞机空运公司。1919 年 8 月 25 日，开辟了定期的国际航线，由伦敦飞往巴黎。当时使用的飞机是 D. H. 4A 单引擎轰炸机，驾驶舱是敞开式的，这种飞机客舱只能坐两名乘客。

（二）德国飞机运输公司

欧洲最早的定期航班开始于 1919 年 2 月，当时使用单发飞机执飞的柏林至魏玛之间。在 1919 年 2 月，世界上第一家持续运营的航空公司——德意志航空运输公司成立，后于 1926 年发展成为著名的德国汉莎航空。

（三）法国航空公司

1919 年，法国开始了与摩洛哥的空邮服务，1927 年演变成为空邮公司。

1927 年 3 月，法国的法尔芒公司在巴黎与比利时的布鲁塞尔开辟了每周一次的定期航班，这是世界上最早的国际航班。1933 年该公司被国有化，与其他航空公司合并成为法国航空公司。

（四）荷兰皇家航空

荷兰皇家航空从 1919 年 10 月 7 日成立到今天从未更改过公司名称，同时它也是世界上最早的航空公司之一。

（五）泛美航空

美国最早的商业航线开始于 1914 年 1 月，当时的航空公司有不少，其中著名的有泛美航空、达美航空、联合航空、西北航空、东方航空等。这个时期的航空公司大多以运送邮包为主要业务，此时的旅客服务少之又少。

1925 年，福特汽车收购了一家飞机制造公司，开始建造福特三发飞机（见图 8－1）。飞机可以乘坐 12 名旅客，并因此使旅客运输获得盈利。航空运输因此越来越成为一种新兴的交通方式，虽其地位与铁路运输相差较远，但使美国的航空运输向前迈进了一大步。同年泛美航空成立，泛美航空开辟了洛杉矶至上海和波士顿至伦敦的国际航线。

图 8－1　福特三发飞机

当时航空公司使用的运输飞机，都是因为战争的推动才问世的，其意义在于为战争服务，加上当时航空科技水平不发达，因此飞机的客舱非常狭窄，在 1930 年以前，飞机上没有空中小姐，飞机上的乘客都由执行航班任务的副驾驶兼职照料。

二、空中服务员的出现

根据文献记载，最早的航空服务员是一名男性。是 1922 年由英国戴姆勒航空公司聘请的，他叫杰克·辛德逊。遗憾的是，他在1923年的一次空难中丧生。之后欧洲多家航空公司及美国的一些航空公司开始使用男性空中服务员，所以当时的机组全都是男性。

当时的男性航空服务员的主要任务是装卸行李，其次就是起飞前为旅客发泡泡糖以减轻耳压反应，在飞行过程中为旅客提供饮品。当然，当时的航空服务和今天空中乘务员细致周到的服务相差甚远，但对民航服务的优化有着里程碑式的历史意义。

三、空中小姐的出现

空中小姐是人们对民航飞机上服务人员的泛称。

1930年6月的一天，在美国旧金山一家医院内，波音航空公司驻旧金山董事史蒂夫先生和护士埃伦·丘奇小姐聊天，史蒂夫说："航班乘务工作十分繁忙，可是挑剔的乘客还是牢骚满腹，意见不断。"这时，埃伦·丘奇小姐插话说："先生，您为什么不雇用一些女乘务员呢？姑娘的天性完全可以胜任空中小姐这个工作。"史蒂夫恍然大悟，惊叫了一声，连连拍手称妙。随后史蒂夫给波音公司主席年轻的助手帕特发了一封电报，提议招一些聪明漂亮的姑娘作为机上服务人员，还给她们起了一个美名"空中小姐"。当时公司拒绝了史蒂夫的建议，但史蒂夫坚持自己的想法，又多次提议，5月初公司采纳了史蒂夫的建议，授权他先招8位姑娘，建立一个服务机组，试验期为三个月。史蒂夫高兴地将这个消息告诉埃伦，埃伦又转告了其他的护士们。于是不到10天，埃伦和另外7位护士就登上了民航飞机，并与5月15日执飞旧金山至芝加哥的航线。从而成为全世界第一批空中小姐（见图8-2，图8-3，图8-4）。空中小姐的兴起印证了第一次世界大战后商业飞机业的繁荣，而站在这一领域浪尖上的正是波音公司。

图8-2　埃伦·丘奇

自从第一批空中小姐飞上蓝天之后，空中服务人员不在由那些铁路、船运大亨的儿子来担当，波音航空公司对空姐的要求很严格，必须为年轻漂亮聪慧的女性，并具体提出了以下要求：年龄必须在25岁以下，体重

52 千克、身高 165 厘米。当时空姐不仅要为旅客服务，而且还要在飞机起飞前放置行李、打扫清洁客舱卫生，并且还要协助飞行员或地勤人员给飞机加油，擦洗机身，最后还要把飞机推入机库。

图 8－3　世界上第一批空姐

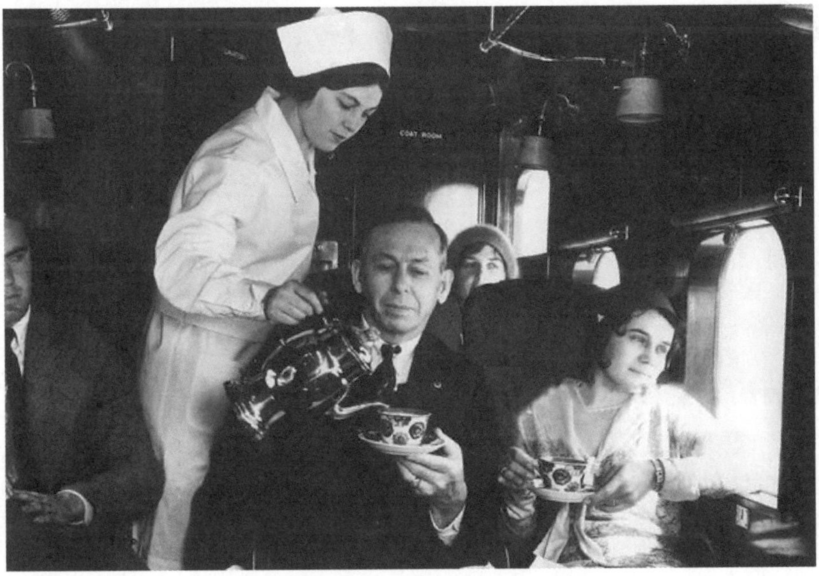

图 8－4　世界上第一批空姐

埃伦·丘奇等成为世界上第一批空姐，在飞行18个月后，在一次偶然的事故中受伤，退出了航空业，1942年埃伦·丘奇为投入战争，成为一名航空护士，在她去世后，她家乡的机场被命名为埃伦·丘奇机场。

四、空姐向空嫂的转变

1968年以前，空姐必须是年轻、漂亮、苗条、未婚的姑娘，她们主要是使乘客的旅行舒适。航空公司会聘请专家培训空姐的穿着打扮，使她们成为众人瞩目的焦点，空姐结婚是不被允许的，空姐一旦结婚就会被解雇，航空公司招收空姐的要求依旧很严格，在工作期间必须单身，不得怀孕。

同时，空中小姐的工作也不被驾驶员认可，他们认为空姐帮不上什么忙，在开始阶段，机组和乘务组处于零沟通的状态。甚至，飞行员的妻子也很反感空姐的存在，美国盐湖城一批飞行员的妻子发起了写信运动，要求波音航空运输公司取消空姐这一职位，但是年轻、漂亮的空中小姐得到了大部分乘客的热烈欢迎，所以空中小姐这一岗位一直存续到了今天。

最可悲的是空姐的职业生涯十分短暂，32岁就必须退休。

空中小姐很快风行世界各地的航空公司，成为当时较为热门的一种职业。航空公司也绝对不会雇佣空嫂。

20世纪50年代，由于喷气发动机的应用，飞机的速度和安全性都得到了提升。因此，在美国航空运输也超过了铁路运输。更多的旅客出行选择飞机，空乘的需求量迅速增加。美国的空姐空哥组织了工会，联合谈判薪酬，保护自己的利益。由于当时空姐必须是单身的规定，所以很多人一旦结婚就会被解雇，或者提前退休，导致空姐的平均飞行时间只有两年。在这种情况下，大多数空姐要求把2年改为终身职业，黑人女性则提出了反对种族歧视。在此之后，1957年美国的一家航空公司雇用了第一位黑人空姐。1964年，美国人事权利法颁布，1968年联邦法庭取消了禁止空姐结婚和32岁退休的条款。之后，许多航空公司也放开了空姐不许怀孕的条令。

1971年，美国最高法院规定，航空公司不得歧视男性，他们也有就业权。后来航空公司不仅可以招聘男性，也可以不受年龄的限制，飞机上出现了空嫂、空哥，甚至还有空奶奶。

五、亚洲的航空公司

亚洲的航空公司晚于欧洲，出现在20世纪30年代以后。中国航空公司成立于1930年，是中国最早的航空公司。在此之后，中国欧亚航空公司、菲律宾航空公司、香港国泰太平洋航空公司、日本航空公司、大韩航空、新加坡航空、泰国航空公司也相继成立。

亚洲航空公司挑选空中小姐的标准也必须是年轻漂亮、有文化的单身女性。当时最为著名的是新加坡航空的乘务员身着马来西亚特色的制服，体现了亚洲女性的温柔、文雅。新加坡乘务员形象成为亚洲女性形象的代表。

随着社会的发展，人类文明的进步，亚洲国家招聘空乘的标准也在逐渐放宽。空中乘务员不再局限年轻漂亮的单身女性身上，飞机上越来越常见空哥、空嫂，乘务员不仅是一个美丽的角色，她们在这一时期完成了客舱守护者的转换。

知识链接

世界上第一代空姐的服务过程

图 8－5 至图 8－11 为世界上第一代空姐在飞机上为乘客服务的风采。

图 8－5　1931 年空姐为乘客提供饮料

图 8－6　1934 年联合航空空姐为马塞州的时任州长服务

图 8－7　1934 年瑞士航空的空姐

图 8－8　1935 年联合航空飞机内饰，最早的商务客机之一

图 8－9　1935 年美国航空公司，
提供卧铺的客机

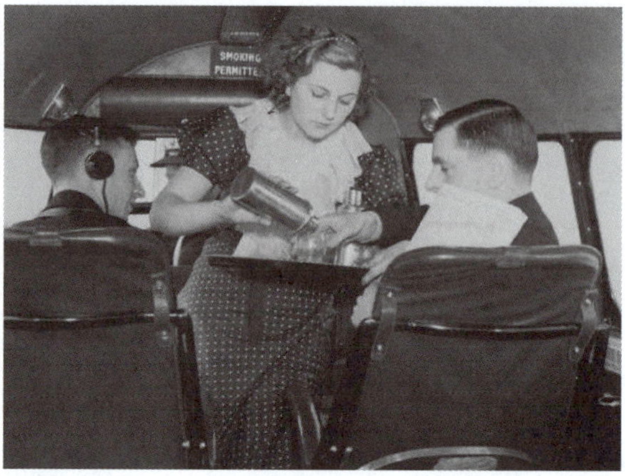

图 8－10　1936 年巴黎航班空姐
为乘客提供鸡尾酒服务

图 8－11　1956 年乘务学员
在模拟客舱服务

第二节　中国民航乘务的发展概况

一、中国最早的民航乘务员

（一）随机侍应生的出现

1930 年 8 月 1 日，中国航空公司正式开始运营。因为当时飞机客舱小、座位少，均没有配备空中乘务员。

1936 年以后，中国航空公司和欧亚航空公司先后购买了较大型号的飞机，当时的飞机客舱可以乘坐 15～18 人。由此之后飞机上开始配备服务人员，当时的乘务员被称为随机侍应生。随机侍应生有着明确的工作内容，例如，保持飞机的清洁，对飞机上的公物有保管责任，随时给旅客提供餐饮，最后要收回客票交回航站，还要把航空机关颁布的禁令告知乘客。当时的侍应生要听从飞机师及随机职员的指挥。

（二）中国第一位空中小姐

1938 年，毕业于南京金陵女子大学的鲁美英成为中国第一位空中小姐。当时招聘要求是看护学校或者大学毕业生，应聘成功后，还要在公司学习几个月的航空知识及公司业务后方可上岗，不幸的是，鲁美英在 1940 年 10 月 29 日执行航班任务时，在云南上空遭遇日本战机袭击，鲁美英为抢救儿童旅客而被子弹击中，由于伤势过重当晚遇难于曲靖医院。在鲁美英之后，还有一位姓林的女侍应生，但在抗战时期，飞机的主要任务是运送战争物资和军事人员，机上侍应生也因此绝迹了。

抗日战争胜利后，中国航空公司和中央航空公司先后购买了较多大型飞机，开始成批招收女性飞机侍应生。

1945 年 12 月，中国航空公司在上海招考，录取比例仅为 200∶1，2 000 多人报名，到最后上机服务的只有 6 人。当时中国航空公司招聘女性飞行侍应生要求必须高中毕业，有护士经验最佳，年龄在 20～25 岁的单身人士，仪态端庄，不戴眼镜，国语标准，英文流利。

1947 年 5 月，刘敬宜上任中航总经理，同年 9 月开始空姐招聘（见图 8－12），吸引更多优秀人才，招聘前就在《申报》《大公报》上刊登招聘启事。

图 8－12　待聘空姐

到 1948 年，中国航空公司的女侍应生已增加到了 30 多人，在 DC－4 飞机上，可以配备 2 名服务人员，并且设有烹调室。

当时的中航空姐均为短式烫发，头戴船形帽，身着深色制服，半高跟黑色皮鞋及皮挎包，年轻漂亮，优雅迷人。空中小姐一度成为年轻女孩追捧的职业（见图 8－13）。

图 8－13　当时的空姐

1946 年 5 月，中航首批空姐登机服务时，由于仅有 DC－3 和 C－46 型客运飞机，飞机设备相对简单，除红茶和咖啡加温设备外，还没有办法提供热餐，只发放冷餐盘，当时的空中小姐工作量并不是很大，除了餐饮服务外，还需要在起飞前到简令下达室了解当日的天气，机组成员，旅客名单。

1949 年 11 月 9 日两航起义后，空乘人员飞回祖国的怀抱，被分到上海和天津两个机场。中央航空公司的丁伟和陆素莲还参加了 1950 年的“八一开航”的天津—北京—汉口—广州航线的飞行（见图 8－14）。

图 8－14　八一开航

二、新中国成立后的空中乘务员

1949 年新中国成立后，对航空的需求量不大，虽然先后开通了几条国内航线，但这些航线运输量很小，经常客舱内客货混装，机上一直没有乘务员，机上服务由报务员兼做。

（一）第一批男乘务员

1952 年，中国人民航空公司从天津军委第二航空学校机械队学员中抽调蔡庆云、李勇泉等 4 名男学员做空中服务员兼职保卫工作。但他们的职业生涯很短暂，只有不到一年时间就转做其他工作了，男乘务员也就取消了。

1953 年以后，国民经济恢复发展，民航业也随之有了新的进步，以北京为中心，国内航线 23 条、国际航线 4 条，通达国内外 36 个城市。机型更新也有了较快的发展，苏联的里 2 型、伊尔 12 型、伊尔 14 型飞机都成为民航运输的主要力量。

（二）十八姐妹

随着国内外航线的增加，飞机机型的变更，也为了更好地满足旅客的需要，提高服务质量，1955 年 8 月，新中国第一次招收女性空中乘务员，招收对象为北京市中学生，当时招生工作是保密的。

1955 年 9 月，正是中学新学期开学不久的日子。出生于山东济宁，后随父母来京的 18 岁的马鸿志，在北京第十一中学上高二。

一天，老师忽然把她叫到办公室，悄悄问她：“你怕汽油味儿吗？”马鸿志被问得丈二和尚摸不着头脑，但还是如实回答：“不怕。”老师点点头：“那好，有一份工作你愿意不愿意做啊？”她急急地追问：“老师，您快说，是什么工作呀？”老师这才迟疑地说：“那好吧，先不要对其他人说——民航。”“民航，民航是干什么的？是当飞行员吗？”马鸿志大胆地追问起来。一个刚到北京不久的农村姑娘，根本不知道民航是干什么的。老师告诉她：“是随机乘务员，这是新中国第一次招收空中乘务员。”没等马鸿志反应过来，老师又不放心地叮嘱道：“先不要说出去啊，暂时保密！明天上午 10 点钟你再到我这里来，由民航局和市教育局的同志找你谈话，先进行一下初试、面试，再进行体格检查和政审。”

新中国第一批空乘的招收，条件与今天相比有天壤之别。当时是将政治条件放在第一位的，家庭出身、社会关系必须合格；其次就是个人表现，是否品学兼优，能否吃苦耐劳是非常重要。

这次招聘共录取了 16 名女中学生。另外还有两名是来自民航局的工作人员，一位叫张素梅，另一位叫寇秀荣，也被选为乘务员。

1955 年 11 月，这批空姐报到，开始进行约大半年的培训。她们按照自己的年龄排序，称为“十八姐妹”，她们依次张素梅、宛月恒、寇秀荣、宋淑敏、李雅惠、陈淑华、马鸿志、李淑清、郭肇贤、康淑琴、王绍勤、朱玉芳、石秀英、王竹报、张若兰、沈伦、李淑敏、孔宪芳（见图8－15）。培训的内容是先地面，后空中。地面服务值机、配载、气象、航行、运输和旅客接送等；礼节、服饰方面，还请了外交部礼宾司同志讲课。接着上飞机进行实习，开始在本场进行随机起降几十个起落，以适应空中反应。此时，她们才感受到了吃这碗饭的不易。

图8－15　新中国第一批乘务员“十八姐妹”

培训结束后，十八姐妹分别被分配到重庆飞行队、乌鲁木齐飞行队、民航广州、民航北京等管理处。

20世纪五六十年代的飞机小，旅客座椅只有十几个，最多24个，每架飞机上只有一名乘务员。因为客舱不是密封的，受气流影响很大，遇到坏天气，如雷电厚积云时，飞机会严重颠簸，旅客也会因颠簸缺氧而呕吐。

那时，旅客及机组人员不能在机上用餐，只能通过其他工作人员在中途航站事先备好空勤灶及旅客的餐食。

由于条件恶劣，飞行一天下来，机组工作人员累，空姐更累，旅客也不舒服。特别是飞西北航线，那里多是沙漠地区，气流很不稳定，飞机就像在茫茫大海中飘摇。

多年来，在飞机小、设备差、工作艰辛的条件下，十八姐妹用她们热情、细微、周到的服务，为今天的空乘业树立了良好的榜样。

虽然已时隔半个世纪，但对十八姐妹来说，刚上飞机时的艰难处境依然历历在目。其中飞行时间最长的是康淑琴和王竹报。康淑琴一直飞到46岁才停飞（见图8－16）。

图 8－16 退役后的十八姐妹

三、军人身份的乘务员

（一）历史背景

1967 年 1 月 26 日，国务院、中央军委决定把民航划为空军建制，成为空军的组成部分，从此，中国民航乘务员实行军事化管理，这种体制一直持续到 1980 年 3 月。同年，国际民用航空组织承认中华人民共和国政府代表的中国驻国际民用航空组织为唯一合法代表，驱逐了台湾代表。1972 年中美关系解冻，中日建交。

（二）大规模招聘女乘务员

在此历史背景下，乘务人员现有状况，已不能满足民航运输业的需求。国务院、中央军委决定在 1972 年冬季征兵时为民航征集女乘务员 200 人。这是民航有史以来最大规模的一次招收乘务员。

当时的乘务员制服从没有徽章的解放军军装，到的确良制服再慢慢演变成蓝色毛料冬装和灰色夏装，到最后，冬装统一为深蓝色斜纹毛料西装，夏装为毛凡尔丁西装，女装的颜色更为鲜艳，并配上了大檐帽和总局的航徽。

（三）男乘务的出现

民航开辟了飞行 5 000 公里以上的远程航线，乘务员需要连续工作 10 个小时以上，并且现代化飞机都是密封增压舱，这两个原因推动了男乘务员的出现。

四、民航面向社会招收空中乘务员

（一）多样化

1980 年面向社会招收乘务员的是北京管理局。要求应聘人员具有高中学历，录取后送到民航专科学校培训一年。之后，民航沈阳管理局也面向社会招收了 18 人。随后，民航上海管理局、兰州管理局、广州管理局、成都管理局也开始了社会招聘。尽管还是以空军的标准来选拔，但却是民航第一批在地方公开招聘的没有军籍的“空中小姐”。

从此，民航乘务员的招聘翻开了崭新的篇章，各个航空公司根据实际情况招收空中乘务员，例如，1994 年，中国国际航空公司在一家三星级酒店中挑选空中乘务员；云南航空公司则开始招聘已婚的空中乘务员；上海航空也开始招聘“空嫂”；中国东方航空开始陆续招聘外籍乘务人员。

（二）数量化

中国的改革开放推动着民航事业的发展。1987 年后，中国民航进行了以航空公司与机场分设为特征的体制改革，将原来的六个地区管理局改革分离，组建了六个国家骨干航空公司：中国西南航空公司、中国东方航空公司、中国国际航空公司、中国西北航空公司、中国北方航空公司、中国南方航空公司。实行自主经营、自负盈亏、平等竞争。1985 年以后，由地方政府组建的厦门航空公司、新疆航空公司、上海航空公司、浙江航空公司、武汉航空公司、中国联合航空公司、四川航空公司、中原航空公司等也纷纷成立。

航空公司的组建，引进了大批量的飞机，补充了更多的空乘人员。中国民航总局 1985 年下发通知，按照机型与航班任务对飞行乘务组进行定员：有配餐任务的每 25 ~ 30 名客座配 1 人；无配餐任务的每 35 ~ 40 名客座配 1 人。各型飞机的定员标准一般为：波音 707 型、MD80 型、伊尔 62 型、图 154M 型、波音 737 – 300 型等飞机配备乘务长 1 名，乘务员 4 名；波音 767 型、空中客车 310 型飞机配乘务长 1 名，乘务员 7 名；依据这个要求，各个航空公司不断大量地招收空中乘务员。

（三）服务质量标准化

1986 年 1 月 8 日，中国民航总局召开改进空中服务的工作会议，要求加强员工职业道德教育，端正服务思想，一心为旅客着想，同时要求各单位围绕服务工作制定一套可行制度，力求程序化、标准化、规范化，各负其责。要求各部门团结协作，从大局出发，确保一线正常服务。中国民航总局决定在天津中国民航大学建立乘务员训练中心，对乘务员进行定期复训考核和办理乘务员执照，不合格者不得上机。

经过几年的努力，民航服务质量有了很大的提高，各公司不断创新，树立自己的服务品牌。

1987 年 6 月 4 日，民航总局下发《关于对老、幼、孕、残疾旅客给予特殊照料的通知》，对服务人员照顾特殊旅客提出了明确的要求。

1994 年 4 月 8 日，共青团中央、中国民航总局联合组织的全国民航系统创建“青年文明号”活动在首都机场开启，在此后的十多年里，先后有 100 个乘务组获得国家级、省部级“青年文明号”荣誉。总之，在 1995 年之后民航服务工作进入到了第三个阶段，从第一阶段的态度温和，不与旅客争执的原始化要求；发展为第二阶段的标准化、程序化。最终成为第三阶段的以培养乘务人员的高雅气质、修养和营造舒适安全的乘机环境，作为提高服务质量的主要工作；突出体现民航企业特色“名牌服务”“精品服务”。

（四）服装款式多样化

1986 年 6 月，中国民航局下发通知，决定民航乘务员在年底前改换新式制服。民航局只负责空乘制服的费用标准，制服的样式、颜色、布料等由各管理局、各航空公司自行决定。

中国国际航空公司聘请世界著名服装设计师皮尔·卡丹先生设计了一套具有历史意义的“宝石蓝”颜色的制服。在此之后，各航空公司也陆续推出了能代表航空公司企业形象的制服（见图 8－17）。

图 8－17 空姐制服的变更

五、空乘教育规范化

（一）学历化

20 世纪 90 年代末期，很多高校开办空中乘务专业，力求培养专业化、高素质的民航专业的学生。

2001 年，中国民航总局在中国民航大学率先成立了第一家乘务学院，实行订单式培养。中国民航干部管理学院、广州民航职业技术学院、上海民航中等专业学校也先后开设空中乘务专业。

随着民航事业的快速发展，到 2017 年南京航空航天大学、南昌航空大学、沈阳航空工业学院、郑州航空管理学院、上海工程技术大学航空运输学院等分别设立了航空乘务专业。目前，中国有空乘专业的各大院校达上百家。

（二）专业化

现如今想要成为一名专业合格的空中乘务员，在通过面试、复试、体检、终审、政审之后要通过为期三个月左右的培训，考取客舱乘务员训练合格证方可上机，培训内容涉及客舱安全、客舱服务、急救常识等。

第三节　航空乘务员的工作特性

一、民航乘务工作

民航乘务工作是民航运输业的一个组成部分。经国家劳动和社会保障部批准并自 2006 年 11 月 3 日起实施的国家职业标准《民航乘务员》中对民航乘务的概念规定为：民航乘务是根据空中服务程序、标准以及客舱安全管理规则在飞机客舱内为旅客的服务。也就是说乘务员以客舱为服务场所，以个人的工作能力、服务技巧为特征，在符合安全规定的前提下满足旅客的合理需求，为乘客提供安全、快捷、舒适的服务。

二、民航乘务工作的特殊性

（一）保障客舱及乘客的安全

在保证安全的前提下，开展客舱服务。因为飞机在高空飞行，速度快，不安全因素颇多，处置问题的回旋余地小，民航安全无小事。乘务员在开展服务工作的同时，也必须要随时观察客舱的安全状态，做到及时发现，妥善处理。根据相关管理规定，若发生紧急情况，空乘人员必须在全部旅客离开飞机后才能最后撤离。民航乘务员入职前会专门进行急救、陆地紧急撤离和水上撤离等训练，并且每12个月都要进行复训。

（二）服务技能专业化

客舱中的各种设施都与安全紧密相关，所以客舱乘务员的工作有着严谨、规范的流程。要求乘务员掌握多种专业技能，例如，服务技能、医疗知识技能，危情处理技能等。

（三）良好的综合素质

国家职业标准《民航乘务员》中规定乘务员应该具备的职业道德与职业守则，即“遵纪守法，诚实守信；爱岗敬业，忠于职守；保证安全，优质服务；钻研业务，提高技能；团结有爱，协作配合”。

重要的是民航乘务员必须具备良好的心理素质，面对突发状况临危不惧，处理问题要有灵活的应变能力。面对旅客要有亲和力。服务不仅要细心、耐心还要充满爱心。

（四）服务对象的多样化

民航乘务工作中面对的服务对象，来自不同国家、地区，有着不同的生活习惯和信仰。年龄、文化层次也有所不同。服务对象的差异性，导致乘客需求不同，服务工作更具有特殊性。

（五）民航企业的代言人

空乘作为窗口服务岗位，代表所属航空公司的职业形象。服务技能和丰富的专业知识，体现民航运输业的服务水平和管理水平。因此，空乘人员需做到内外兼修，成为民航业的一道风景线。

第四节　航空乘务工作的专业术语

一、预先准备阶段专业术语

预先准备是空中服务四个工作阶段中的第一个阶段，指从确认接受航班任务至乘务员登机前所做的各项准备工作。

（一）三证

（1）“中国民航空勤人员登机证”是乘务员执行任务时准许登机的有效证件（见图8－18）。

图 8 – 18　登机证

（2）“航空人员体检合格证”是乘务员每年体检合格后由民航总局下属的地方管理局颁发的证件，有效期为一年（见图 8 – 19）。

说　明

1. 持Ⅰ级体检合格证,行使航线运输驾驶员、飞机和旋翼机商用驾驶员执照权利时,有效期为 12 个月,其中年龄满 40 周岁者为 6 个月；行使领航员、飞行机械员执照权利时有效期为 12 个月。

2. 持Ⅰ级体检合格证或Ⅱ级体检合格证行使飞行通信员执照权利时,有效期为 12 个月；行使私用和初级飞机、滑翔机、轻于空气的航空器的商用驾驶员执照权利时有效期为24 个月,其中年满 40 周岁者为 12 个月；

3. Ⅲ a 级体检合格证的有效期为 24 个月,年满 40 周岁者的为 12 个月；Ⅲ b 级体检合格证的有效期为 24 个月；

4. Ⅳ级体检合格证的有效期为 12 个月；

5. 体检合格证有效期期满日期按 67.23 (a) 的计算方法计算；

6. 行使执照权利时必须携带本证。

航空人员体检合格证
Medical Certificate For Airman

中国民用航空总局
General Administration of Civil Aviation of China

图 8 – 19　体检合格证

（3）“中国民用航空客舱乘务员训练合格证”的有效期为 13 个月。乘务员每年都要进行一次复归训练，之后由相关部门颁发合格证（见图 8 – 20）。

图 8 －20　《客舱乘务员训练合格证》

（二）航前会专业术语

（1）任务。所飞航班计划。

（2）签到。起飞前在规定的时间到航班调度室在执行的航班上签名或在电脑上确认。

（3）广播词。乘务员在客舱中向机上旅客做出各阶段工作通知的规范语言版本。

（4）准备会。飞行前按规定的时间参加由乘务长组织的航前乘务组会。

（5）任务书。全称为《乘务飞行任务书》。内容包括：飞行机长、乘务组人员及等级、空保员、航班情况及人员变更情况。

（6）网上准备。网上准备是航空公司乘务员在飞行前必须完成的一项工作，其中包含执行航班的各类信息。

二、直接准备阶段专业术语

空中服务的四个工作阶段中的第二个阶段，指乘务员登机后至乘客登机前的准备工作。

（1）服务流程。客舱服务实施的流程。

（2）供应品。为旅客和机组配备的航班上需要的物品总称。

（3）回收。将机上剩余的供应品等清点后放入规定的餐箱、餐车内，铅封好并填好回收单的工作过程。

（4）清舱。旅客登机前，安全员或乘务员检查机上所有部位，确保机上无外来人、外来物。

三、飞行实施阶段专业术语

（1）安全演示。客舱乘务员在关机门以后，向客人演示救生衣、氧气面罩、安全带的使用方法和应急出口的位置等。

（2）操作分离器。将飞机客舱门紧急滑梯的手柄移到自动（预位）或人工（解除）位置的过程。

（3）安全检查。飞机在起飞、下降、着陆、颠簸或紧急情况下，确认旅客及各种设施符合安全规定而进行的检查。

（4）机上值班。长航线餐饮服务后，为保持乘务员体力而采取的轮换工作制度。

（5）巡视客舱。乘务员在客舱走动，观察旅客需求安全状况，处理特殊情况，提供及时、周到的服务行为。

（6）航班时刻。时刻表显示航空公司所有航班及其计划的起飞和降落时间。

（7）预计到达时间。航班预计到达目的地的时间。

（8）预计飞行时间。一般情况下为两点间（始发点和目的点）的飞行时间。

（9）预计起飞时间。航班计划从某一城市起飞的时间。

（10）时刻表飞行时间。航班从起飞到降落的总的预计时间。

（11）座位分配。旅客在登机前办理乘机手续时分配特定座位。

（12）安全带。安全带是安装在座椅上的一套安全设备。在飞机滑行、起飞、颠簸、着陆的过程中，以及“系好安全带”灯亮时，所有人员都必须系好安全带。

（13）安全带延长。在常规安全带上附加的延长部分，用于身体比较高大、肥胖的旅客。

（14）登机牌。旅客办理乘机手续后领取的登机凭证。在登机时，必须出示登机牌。

（15）旅客名单。写有旅客姓名、目的地、座位号等内容的单子，通常由商务部门在飞机起飞前同业务袋一起送上飞机。

（16）关封。海关官员使用的公文。常用信封封好后在航班起飞前交给乘务长，由乘务长在到达站后转交海关官员，一般在国际航班上使用。

（17）核销单。机上免税品出售后填写的表格，用于海关核销进口免税品。

（18）载重平衡表。航班载运旅客、行李、邮件、货物和装设备重量的记录，是运输服务部门和机组之间、各航站之间交接载量的凭证，也是统计实际发运量的依据，它记载着飞机各种重量的数据。

（19）载重平衡图。以空飞机重心指数作为计算的起点，以确定飞机的起飞重心位置，并根据飞机重心位置的要求，妥善安排乘客在飞机上的座位和各货舱装载量的填制图。

（20）随机业务袋。随机业务袋内装有总申报单、乘客舱单、载重平衡、货运单及邮件单等业务文件。

（21）健全旅客。指在发生紧急情况时，在体力和智力上能够给予乘务员帮助的旅客。

（22）特殊旅客。特殊旅客是指需给予礼遇和照顾的旅客，或由于其身体或精神状况需要给予特殊照料在一定条件下才能运输的旅客。

（23）常旅客。经常乘坐某一航空公司的飞机并参与里程累积奖励的旅客。

（24）始发旅客。始发旅客指在航班始发站乘坐飞机的旅客。

（25）中转旅客。中转旅客指乘坐某一航班飞机并在航班经停地转乘非同一航班号的飞机继续旅行的旅客。

（26）误机旅客。误机旅客是指旅客未能按照规定时间办妥乘机手续或者因旅行证件不符合规定而未能乘机的旅客。

（27）联程旅客。联程旅客指乘坐两个以上的航班飞机继续旅行的旅客。

（28）直达旅客。直达旅客指经中间站前往下一站的旅客。

（29）过站旅客。在经停站（过站点）继续乘航班前往下一站的旅客，也称为“直达旅客”。

四、应急专业名词

（1）出口座位。出口座位是指乘客从该座位可以不绕过障碍物直接到达出口的座位和乘客从离出口最近的过道到出口必经成排座位中的每个座位。

（2）氧气面罩。气氛面罩是乘客用于吸氧的工具，当座舱高度到达4 267米时，如遇座舱失压，氧气面罩会自动脱落。

（3）手提氧气瓶。手指氧气瓶用于飞行中遇到突发的危重病人时和乘务员在应急情况下使用。

（4）防烟面罩。防烟面罩是乘务员和机组人员在客舱封闭区域失火和有浓烟时使用，它可以保护灭火者不受毒气、烟雾的伤害，保护灭火者的眼睛和呼吸道不受火和烟的侵害。

（5）应急发报机。应急发报机用于飞机遇险后向外界发出求生信号。

（6）麦克风。麦克风用于在紧急情况下指挥乘客的广播系统，可在客舱内外使用。

（7）颠簸。飞机在飞行中遇到扰动气流，就会产生震颤、上下抛掷、左右摇晃等现象。

飞机颠簸等级的划分：

第一，轻度。飞机轻微地和有间隙地上下投掷，空速表指示时有改变。

第二，中度。飞机抖动频繁地上下投掷，左右摇晃、颠簸、操作费力，空速指针跳动达10km/h。

第三，严重。飞机强烈的抖动，频繁和剧烈地上下投掷不止，空速指针跳动达15～20km/h，操作困难。

（8）有准备的应急撤离。有准备的应急撤离指从发生应急情况到飞机着陆前有10

分钟以上的准备时间。

（9）无准备的应急撤离。无准备的应急撤离通常发生在飞机起飞或着陆时突发应急情况下的撤离。由于没有时间对应急事件准备，因此，客舱乘务员必须在出现第一个撞击迹象时做出反应。

五、乘务员号位术语

（1）机上主任乘务长（Chief Purser，CF）。

（2）机上乘务长（Purser，PS）。

（3）头等舱乘务员（first－class，FS）。

（4）公务舱乘务员（commercial，CS）。

（5）普通舱乘务员（stewardess，SS）。

练习题

1. 请列举世界上最早的航空运输公司。
2. 世界上最早的空中乘务员曾经从事过什么职业？
3. 请说出三个十八姐妹的代表人物。
4. 民航面向社会招收空中乘务员有哪些特点？
5. 空乘教育规范化体现在哪两个方面？
6. 乘务员“三证”包括哪三证？
7. 民航乘务员的工作特点。
8. 写出并解释五个飞行实施阶段专业术语。
9. 颠簸共分为三个等级，分别是什么？
10. 写出乘务员号位的专业术语英文缩写。

参考文献

[1]刘得一. 民航概论[M]. 北京:中国民航出版社,2014.
[2]李永. 简明中国民航发展史[M]. 北京:中国民航出版社,2013.
[3]魏丽娜. 民航概论[M]. 上海:上海交通大学出版社,2016.
[5]李永. 民航乘务员基础教程[M]. 北京:中国民航出版社,2014.
[6]林明华. 天泉—周恩来与中国民航[M]. 北京:中国民航出版社,2007.
[7]360 百科。
[6]百度网:https://www.baidu.com/。
[7]民航资源网 http://www.carnoc.com。
[8]中国民航网 http//www.coacnews.com.cn。
[9]民航资源网, 2016。
[10]中国民用航空局网站,www.caac.gov.cn。